可持續發展在香港

Sustainable Development in Hong Kong

主編 林寶興 博士

天書
藍圖

目錄

序一

今天，可持續發展已成為全球關注的重要課題。隨著「聯合國可持續發展目標」及《巴黎氣候變化協定》的落實，各地政府致力透過不同政策達成這些目標。

國家高度重視可持續發展目標的落實，在《十四五規劃》中提出深入實施可持續發展戰略，促進社會經濟綠色轉型，並定下「30、60」的明確減排目標。香港特區政府也在 2020 及 2021 年的施政報告中，為香港訂立長遠的可持續發展目標，提出多項深化措施；近日亦公布了《香港氣候行動藍圖 2050》，帶領香港邁向碳中和。

香港品質保證局作為香港政府於 1989 年成立的非牟利公營機構，一直致力配合國家和特區政府施政，關注民生需求，為社會及企業提供不同的解決方案。我們不但引入國際先進的可持續發展相關標準和原則，亦開發多元化的合格評定服務，推動業界在社會責任、環境管理、能源管理、碳中和、綠色和可持續金融、安老服務及無障礙管理等範疇提升表現，攜手促進可持續發展。

經歷新冠肺炎疫情的衝擊後，不論是商界或社會大眾，都警覺我們的生存環境可以發生突變，對可持續發展的風險意識都有所提高。為了讓他們加深認識這個重要課題，我們今年決定出版《可持續發展在香港》一書，銳意鼓勵更多群體和個人將理想付諸實行，為可持續發展作出更大貢獻。

期望在各界的同心協力下，可以一起推進「聯合國可持續發展目標」的進程，為香港、國家以至全球人類建設更美好的將來。

何志誠工程師
香港品質保證局主席

序二

全球對可持續發展日益重視，企業及投資者紛紛將可持續發展元素納入營商及投資策略之中；而獨立專業的合格評定機構，從中扮演著十分重要的推動角色，不但有助促進商業和金融市場的健康發展，亦讓更多業界人士及持份者認識相關的國際標準和倡議，從而建立具前瞻性的可持續發展策略。

香港品質保證局作為區內最具領導地位的合格評定機構之一，除了致力提供專業的合格評定服務外，亦透過知識分享及技術轉移，引進先進的管理概念，協助業界提升可持續發展表現，走在國際趨勢前端。

出版《可持續發展在香港》是我們今年的重點項目之一，旨在推廣可持續發展理念和良好做法，增進本地業界和大眾對這熱門議題的認識。同期我們亦會舉行以「可持續金融及氣候韌性」為題的大型專題研討會，促進國際性的知識交流。

近年，我們也積極參與國際及國家標準的發展工作。本局專家分別獲中國標準研究院及香港特區政府創新科技署提名，參與制定有關綠色債務工具及可持續金融的 ISO 國際標準。此外，我們獲全國認證認可標準化技術委員會邀請，委派代

表參加國家標準起草專家小組，制定有關職業健康安全及反賄賂的審核與認證能力要求。

本局銳意將研發所得的知識和經驗，貢獻於可持續發展相關的通用標準上，以助業界優化整體水平。我們亦期望透過技術交流活動和出版書籍，鼓勵更多機構增進知識，不斷自我完善，在社會上發揮各自優勢和專業能力，攜手締造可持續的營商和投資環境，從而造福整個社會。

黃家和先生，BBS，太平紳士
香港品質保證局副主席

編者序言

聯合國在 1987 年發表的《我們共同的未來》報告中，提及「可持續發展」的重要性，並將之定義為既能滿足當代人的需求，同時又無損未來世代自身需求的發展模式。面對這個重要的課題，人類社會在可持續發展上必須加倍努力，思考如何有智慧地運作資源，使其用得其所，能兼顧當前及長遠發展所需。

過去二、三十年，世人對可持續發展日益關注，國際間也先後簽署了《京都議定書》及《巴黎協定》等，一同攜手應對氣候變化問題。新冠疫情的出現，也促使更多人思考可持續發展的重要性；各地政府在推動復蘇政策和措施時，都希望重塑可持續發展的社會經濟模式；透過有智慧地運用資源，平衡環境、社會及經濟三方面的發展。不少機構亦積極配合，善用其專業優勢和各種資源，為可持續發展出一分力。

香港品質保證局作為推動可持續發展的先驅，不但將相關理念融入核心服務中，包括提供可持續發展報告核查服務，制定「社會責任指數」，為「恒生可持續發展企業指數系列」提供評級服務，推出「綠色和可持續金融認證計劃」等，亦參與制定有關綠色和可持續金融的 ISO 國際標準，以及致力

在商界和社區推廣，發表有關企業可持續發展表現及大灣區可持續發展融資的研究報告，讓香港在可持續發展的領域上走在前端。

今年，我們進一步出版《可持續發展在香港》一書，讓社會各界更全面及深入地了解這股大趨勢。本書將闡述可持續發展概念演化進程，概覽環球、國家和香港特區的發展狀況，並以國際管理工具為基礎，輔以外國案例及本地企業實踐分享，介紹香港企業在提升可持續發展表現的具體方法，剖析可持續發展的重要性及展望未來機遇。我們衷心希望本書能鼓勵更多企業實踐可持續發展，攜手創建一個強大且更具韌性的世界。

最後，我要特別感謝多位同事的參與，令本書得以圓滿出版，包括：陳沛昌先生、黃偉國先生、梁雁玲女士以及蘇煦欣小姐的技術支援；麥家彥先生、王春暉小姐、曾穎琳女士、李惠恩小姐及陳雪嶠小姐的資料搜集和整理，亦要感謝梁姿韻小姐處理文字資料。

林寶興博士

香港品質保證局總裁

第 一 章

放眼可持續發展
應對全球性危機

新冠疫情的啟示：
正視人類持續發展的挑戰

「現在有一個短暫而寶貴的窗口期，可以讓我們的世界變得更美好，我們必須比以往任何時候都更加用心和努力，以確保我們在後疫情時代的戰略、目標和計劃完全結合可持續發展目標，從而創建一個強大且更具韌性的世界。」[1]

聯合國秘書長安東尼奧‧古特雷斯

自 2020 年初開始，新冠肺炎疫情肆虐全球，亦改寫了我們曾經認為理所當然的生活模式。走筆之際，全世界已經有至少482 萬人死於新冠肺炎，超過 2 億宗確診感染個案。[2] 這一場浩劫對我們造成前所未有的影響，波及層面十分廣闊；非但醫療和公共衛生系統不勝負荷，在各種社交距離限制、各國封城及社會停擺的背景下，全球的經濟和社會民生都承受著巨大的衝擊。

疫情令人類發展指數倒退

過去 30 多年，雖然全球經歷多次重大危機，但整體發展仍累積一定成果，所以聯合國「人類發展指數」多年來一直上升，

反映全球人類持續發展的趨勢。[3] 可是，新冠肺炎的出現，卻令這個綜合指數首次出現倒退，有多達 1 億人跌入極端貧困，14 億兒童無法上課，4 億個工作崗位受波及，衛生健康指標也受到影響。[4]

另一份由聯合國環境署（United Nations Environment Programme）發表的研究報告指出，新冠肺炎疫情不但令企業倒閉，失業率上升，更導致金融市場一瀉千里，短時間內蒸發了全球股市市值約 26 萬億美元，造成的損失堪與 20 世紀最大的股災相提並論。[5] 國際貨幣基金組織（International Monetary Fund）亦作出類似估計，指全球經濟在 2020 年大幅收窄 3.5%，成為 1930 年代美國大蕭條後經濟衰退最嚴重的一次。[6]

汲取經驗教訓 應對未來更大挑戰

2015 年，微軟創辦人比爾・蓋茲（Bill Gates）曾在一場名為「下一場疫情爆發？我們還沒準備好！」的演講中警告，數十年內，病毒有機會令全球千萬計人喪失性命，預言了 5 年後發生的新冠肺炎疫情。[7] 他在 2020 年接受媒體訪問時，再次表示人類正面對不少潛在危機，影響巨大深遠，強調未雨綢繆對人類可持續發展的重要性：

未來出現的全球性大瘟疫，可能比今天的境況嚴重十倍……不過，這與氣候變化的影響比起來，根本微不足道……我們必須從當前的困境中學習，在下一次全球危機來臨前作充分的準備。[8]

毫無疑問，病毒的爆發令我們措手不及，帶來了前所未見的新常態，但這次疫情亦讓我們汲取了寶貴的經驗和教訓，警示我們必須正視人類面臨的  可持續發展挑戰。每個政府、每間機構、每一個人，都要做好準備，迎接未來可能出現的更大危機。

把握時機 未雨綢繆

聯合國首席經濟學家埃利奧特・哈里斯（Elliott Harris）指出，部分人類漠視大自然可持續發展的惡果日漸浮現，不但氣候災害更為頻繁，新冠病毒病這類人畜共染的瘟疫亦開始越來越多。解決這些難題的時機快過，刻不容緩，我們必須果斷地採取行動，不然等到大禍臨頭才有反應，便要痛苦地臨急應對困境。[9]

如果從正面的角度來看，其實這次疫情也讓我們看到人類抵禦風險的韌力，鼓勵我們應向可持續發展的最終目標努力。[10] 雖然疫情暴露了我們所依賴系統的脆弱性，但它同時將可持續發展推到聚光燈之下；不論是政府、商界或社會群體，現在對可持續發展的風險意識，都要比疫情爆發前高。

此外，愈來愈多企業和投資者，加倍關注經濟活動對社會環境的影響，重新審視投資和管理決策，將可持續發展目標以及環境、社會及企業管治（Environmental, Social, Governance, ESG）的元素納入其中，例如投放更多資源在應對氣候變化的項目上。無論是聯合國負責任投資原則組織（United Nations Principles for Responsible Investment）的調查結果[11]，還是國際知名評級機構和投資管理公司的數據[12]，都顯示疫情加速了 ESG 趨勢。另一方面，有知名跨國會計師事務所在 2021 年中表示，為配合 ESG 市場的急速發展，他們會投資 120 億美元，增聘大約 10 萬名人手，以迎合投資者在可持續發展方面的更大期望。[13] 這些現象都意味著，綠色和可持續金融已加快進入主流視野。

可持續經濟有助疫後復蘇

財經事務及庫務局局長許正宇早前在網誌上說，發展綠色和可持續經濟有助推動疫後復蘇，已成為目前全球十分關注的議題。[14] 儘管新冠肺炎疫情令各國經濟飽受影響，而且干預了全球實現 17 個可持續發展目標的進程，但全球的綠色債券發行金額卻在 2020 年再創新高，達到 2900 億美元。[15]

聯合國負責任投資原則組織在 2020 年發表的報告也指出，新冠病毒疫情危機，暴露了現有經濟體系的局限性和不足之處，促使決策者更著眼於提升金融市場的可持續發展性及包容性，預期可進一步推動可持續金融的發展。[16]

誠然，綠色和可持續金融一方面能夠幫助加快疫情後的復蘇，另一方面有助填補實現可持續發展目標的資金缺口，讓我們可以在危機以中尋找契機，加快全球實現可持續發展的步伐。

站在歷史轉折點 重塑疫後的未來

由此可見，疫情後的復蘇過程，可能是人類歷史上一個重要的轉折點。當世界各國推行刺激經濟的政策和措施時，將帶來難得的機會，在新常態下重塑可持續發展的社會經濟模式，促進綠色投資、綠色建築及綠色交通等項目的進程，讓我們與地球一起邁向更美好的將來。[17]

跨越新常態 提升韌力應對風險

新冠肺炎疫情席捲全球，疫情對不同行業造成前所未有的衝擊，同時帶來了新常態，無論是消費者、員工、旅客或其他持份者，均較以往注重公共衛生安全。香港品質保證局一直密切關注疫情變化，期望發揮自身專業知識及能力，協助商界及社區提升抵禦風險的韌力。

十多年前「沙士」爆發後，社會加倍重視公共衛生，香港品質保證局早已率先開發「衛生監控體系認證計劃」，推動社區創建衛生規範的新文化。及至 2006 年，香港品質保證局亦提供「ISO 13485 醫療器械質量管理體系」認證服務，協助醫療產業提升專業水平。

這次有見新型肺炎疫情不斷蔓延，香港品質保證局於 2020 年迅速推出「醫用防護口罩產品認證計劃」、「預防冠狀病毒疾病衛生措施認證計劃」、企業同心「健康社區大使」人員註冊計劃及「抗疫金融認證計劃」等，旨在多管齊下協助業界應對挑戰，支持社會抗疫。

香港品質保證局簽發首張「醫用防護口罩產品認證證書」

同年 10 月,香港品質保證局再推出「衛生抗疫措施認證計劃」,銳意帶動各行各業提高防疫意識,實施標準化的衛生措施,並於首階段與香港旅遊發展局合作,優先鼓勵和支持旅遊相關行業參加計劃,以加強公眾外出消費及旅客訪港的信心。

繼 2020 年推出「衛生抗疫措施認證計劃」,香港品質保證局於 2021 年舉辦「抗逆貢獻嘉許大獎 2021」,過百名獲嘉許機構及場所代表出席頒授典禮

此外,香港品質保證局亦率先提供「ISO 22301 社會安全—營運持續管理體系」新版的認證服務,協助機構建立有效的管理框架,讓它們面對新冠肺炎疫情這類重大危機時,仍能持續運作,並儘快回復至正常狀態,以克服新常態下的不同挑戰。

行政長官分享

自我們推動綠色金融之始，香港品質保證局一直是鼎力支持的合作夥伴之一；除了推出「綠色金融認證計劃」外，亦制定「抗疫金融認證計劃」，鼓勵更多發行者將資金引導至與疫情防控和復蘇相關的項目。我樂見他們推出「衛生抗疫措施認證計劃」，推動各行各業以高水平的衛生措施抗疫，並於首階段與香港旅遊發展局合作，鼓勵旅遊相關行業先行參加計劃，期望在新常態下有助旅遊業復蘇。[18]

**香港特別行政區行政長官
林鄭月娥，大紫荊勳賢，GBS**

迫在眉睫的環境危機

2021 年 2 月，聯合國環境規劃署發布《與自然和平相處：應對氣候變化、生物多樣性喪失和污染危機的科學藍圖》報告，闡述了地球面臨的三大危機 —— 生物多樣性銳減、環境污染和氣候變化。

報告指出，這三大環境危機相互關聯，彼此加強，將影響當代以至未來幾代人的福祉，為人類社會的持續發展帶來重大隱憂。問題已迫在眉睫，各地政府、企業和社會大眾必須同心協力，改變人類社會和自然的關係，方可預防並扭轉環境惡化的嚴重後果。[19] 該署執行主任英格爾·安德森（Inger Andersen）進一步警告：

如果不採取行動應對這些危機的話，我們的子孫後代將繼承一個「溫室地球」，其大氣碳含量超越 80 萬年以來積累的數字。他們將生活在下沉的城市中，生活在有毒廢物中——這些廢物每年足以填滿 12.5 萬個奧林匹克規模的游泳池。[20]

生態系統衰退 天然資源枯竭

回看上世紀，工商貿易蓬勃，科技一日千里，各地邁向都市化，全球人口大幅飆升。雖然我們的生活質素得以提升，但

是在大肆發展的背後，彌足珍貴的天然資源和生態環境卻默默成為當中的犧牲品。

過去 50 年來，全球哺乳類動物、鳥類與魚類數量已大幅下跌三分之二，人類活動亦破壞了四分之三土地、四成海洋環境。[21] 地球上的原始森林，更有一半面積慘遭破壞，令依賴這遍棲息地生存的物種無家可歸，甚至迎來死亡。[22]

世界自然基金會（World Wildlife Fund）《地球生命力報告 2020》表明，人類社會的快速發展，已過度透支地球資源，並超出大自然再生復元的速度，影響十分之深遠。這令我們賴以為生的地球生態系統變得不穩定，無法讓它持續為全球人口提供充足的水源、食物和衛生環境，嚴重損害人類長遠發展的前景。

事實上，一些生活基本所需的資源，如食物、潔淨水、木材和燃料等，在部分地區已見短缺。2020 年，全世界有 12 億人生活在水源短缺或嚴重缺水的農業地區 [23]，55 個國家和地區中，有多於 1.55 億人處於危機或嚴重級別的糧食不安全狀況中 [24]。

環境污染持續

人類除了從自然界耗取大量食物、纖維、礦物及能源,使用於工業基建和日常生活之外,亦在過程中產生工商業廢料、重金屬、農藥和塑料垃圾等,甚至釋放有毒物質,嚴重污染環境。

據估計,全球約有四分之一疾病來自與環境相關的風險,如動物傳播疾病、氣候變化、空氣和水污染,以及接觸有毒化學物質等;而每年因環境污染而過早死亡的人口約有 900 萬人,另有數百萬人每年死於與環境相關的其他健康風險。[25]

凡此種種,都顯示人類活動正持續破壞自然生態,不但為野生物種帶來毀滅性的影響,更對我們的健康和生命造成巨大威脅。

氣候變化加劇

根據聯合國政府間氣候變化專門委員會(Intergovernmental Panel on Climate Change)發表的「氣候變化 2013:物理基礎」及決策者摘要,自 20 世紀中期以來,全球正不斷暖化,而人類的活動極可能是問題主因。[26] 雖然現代社會經濟模式,可以推動科技進步,提升生活水平,但亦引起氣候變化,令自然災害頻生。

一份在 2020 年出版,由世界氣象組織(World Meteorological Organization)牽頭的報告指出,溫室氣體濃度已經達到三百

萬年來的最高水平，並且
正持續上升。[27] 氣候變化
令海洋變暖、海水酸化，
海洋食物鏈遭破壞；極端
海平面的事件發生得更加
頻繁，令許多居住於低窪
城市和島嶼的人面臨更多

災害。[28] 無論是人類還是地球上的其他物種，都飽受著氣候
變化帶來的威脅。

就以 2020 年為例，整年平均氣溫比工業化前水平上升了
1.2°C，成為全球有紀錄以來最暖的一年。同年 12 月出版的
《時代》雜誌總結了該年因極端天氣而引起的災害，並強調
極端天氣可能成為 2021 年的新常態。[29] 雖然新冠肺炎疫情導
致工業活動放緩，但是全球溫室氣體排放量沒有因此而受到
抑制，二氧化碳濃度仍處於創紀錄高位。[30] 如此下去，極端
天氣和災害只會有增無減。（詳見後頁〈專題分析一：氣候
變化的影響有多嚴峻？〉）

世界各地的研究都顯示，氣候變化引起的環境問題正日益加
劇。2021 年 8 月，聯合國政府間氣候變化專門委員會更發表
報告，指全球氣溫已上升接近 1.5°C，達危險上限，我們必
須立刻採取行動，快速並大規模地減少碳排放，不然的話，
全球平均氣溫在未來 20 年內的升幅，將超過《巴黎協定》
（Paris Agreement）所定下不超過 1.5°C 的目標。[31]

誠然,我們已沒有時間再三拖廷,因為氣候變化正對自然生態造成難以彌補的傷害,引致的社會經濟損失會相繼倍增,我們負上的代價亦會越來越大。瑞士再保險旗下瑞再研究院(Swiss Re Institute)的報告提到,如果我們能實現《巴黎協定》的目標,把全球氣溫控制在 2°C 之內,全球經濟損失還有機會限制於 4%;否則,當未來 30 年的氣溫上升 3.2°C 的話,全球生產總值便有機會收縮 18%,而中國的本地生產總值(GDP)更可能會損失達 24%。[32]

氣候變化下 香港不能獨善其身

氣候變化的影響是全球性，香港亦不能倖免。回想過去，我們都不難感受到極端氣候愈趨嚴重的威力。極端天氣事故，包括暴雨和颱風等變得更加頻繁。以往罕有出現一次的破紀錄每小時降雨量，現在屢見不鮮；2018 年吹襲香港的超強颱風「山竹」，更令全港交通癱瘓，整個城市頓時變得滿目瘡痍。

雖然香港沒有官方統計「山竹」造成的經濟損失數字，但據香港保險業聯會在 2019 年 8 月公布的相關索償統計數據，各類保險索償的申請超過 30,000 宗，索償金額達 31 億港元。[33]

此外，香港每年平均氣溫上升的速度，在 1885 至 2020 年期間為每十年 0.13°C，但近 30 年的增幅是每十年 0.24°C。這便可以解釋為甚麼香港冬季變暖，夏季天氣極熱。[34]

更值得注意的是，香港是一座三面環海的城市，而維多利亞港的海平面由 1954 至 2020 間每十年平均上升大約三厘米。如此下去，當颱風暴雨肆虐的時候，水淹的風險會大大增加。像「山竹」吹襲時，杏花邨變成澤國的情境將可能會再次出現。

專題分析一

氣候變化的影響有多嚴峻？

破壞自然生態

有關氣候變化對自然界的影響，香港天文台網站羅列出多年來的環境改變，如全球氣溫上升、熱帶氣旋增多、極端天氣趨繁、乾旱、降雨模式改變、冰川萎縮、海平面上升及水資源枯竭等，都為情況加劇給出了確鑿的證據。

這些氣候改變，嚴重影響大自然的生態系統，很多陸地、淡水和海洋物種都因為生存環境受到破壞，改變了行為和遷徙模式，分布數量也受影響。有些物種更由於未能快速適應氣候變化，令數量大幅減少甚至絕種。此外，全球暖化亦威脅極地生態系統，以及令珊瑚礁出現白化問題，影響所處領域的海洋生態系統。[35]

衝擊社會民生

氣候變化對生態系統的破壞，不但影響糧食、食水等天然資源的供應，更會引發日益頻繁和嚴重的天災，威脅人命健康。

·糧食短缺危機

如果在人口增長，糧食需求增加的情況下，全球氣溫又較 20 世紀末上升 4°C 的話，會導致部分地區甚至全球的糧食供應陷入短缺危機。[36]

· 危及性命健康

氣候變化導致更多貧困地區人口因強烈熱浪、火災、颱風、暴雨及洪水等天然災害而受傷和死亡，亦使傳染病的風險升高，影響食水供應及農作物產量，造成營養不良或饑荒。[37]

即使是較發達的地區，面對頻繁的極端氣候事件也傷亡慘重。以 2021 年上半年為例，6 月份破紀錄高溫席捲北美，致數百人喪生。7 月份先是歐洲中西部國家受洪水淹浸，奪去逾百條性命，之後中國河南省鄭州市經歷千年一遇的特大暴雨，逾百萬人受災，地鐵站及行車隧道瞬間被淹浸，有市民未及逃生不幸遇難。[38]

· 居民流離失所

部分貧困地區的災民，因為家園被毀、糧食和水源短缺等不同原因，被迫另覓居所，或尋求他國庇護，成為「氣候移民」，單在 2018 年已有超過 1700 萬宗個案。[39]

引致經濟損失

除了造成物種滅絕和人命傷亡外，氣候變化亦直接和間接引致經濟損失：

・破壞公用建設

極端天氣導致越來越多旱澇災情，破壞基礎建設。各國除了要花費巨額的修復建設開支，亦要投放更多資金增強建設，提升抵禦極端天氣的能力。單在 1981 至 2016 年間，中國共發生了超過 970 宗因降雨而引致的鐵路線路災害事故。[40] 而隨著暴雨變得頻繁、雨勢更加強大，基礎建設和維修的費用只會與日俱增。在未來設計鐵路建設的規劃時，亦要考慮氣候變化，尤其是極端天氣的影響。

美國方面，因自然災害引起的經濟損失在 2020 年達到創紀錄的 220 億美元。其後，美國德州更受到北極的暴風雪襲擊，迫使市民大開暖氣，電網不勝負荷造成大停電，預計經濟損失高達 1,290 億美元。[41] 為防止同類事故發生，美國政府需投放1,000 億美元改善電網設備。[42]

・影響農牧漁業收入

隨著氣候改變，生態環境受影響，部分農作物無法生長，動物和魚類大量死亡，一些以農牧業為主要收入的地區蒙受嚴重經濟損失。美國康奈爾大學（Cornell University）發表的研究指出，由 60 年代至今，全球的農業產出量增長下跌了大約五分

之一，等於是失掉七年的農業生產增長，而主要原因正是氣候變化。[43] 同時，海洋變暖令海水酸化，使貝類和魚類難以生長。全球的捕魚量下跌 5%，令北海漁民收成下降三分之一。[44]

・高科技產業亦受牽連

除了農漁業等首當其衝外，一些高科技產業亦受到氣候變化影響。例如台灣地區的半導體晶片工廠，在生產過程中需要使用大量水源。然而，當地近年的乾旱缺水問題嚴重，倘若情況持續下去，佔全球市場九成的台灣半導體晶片產業將受重創，供應鏈上的其他產業也受牽連。[45]

社會議題受關注

2021 年初，聯合國大會（General Assembly of the United Nations）召開以「2021 年重點議題」為主題的全體會議，並定下十個需要優先處理的議題，以助世界步入正軌。除了涉及應對疫情、氣候變化及可持續的經濟復蘇策略外，亦包括貧窮、不公平、性別平等、人權等重要的課題。[46] 多年來，這些社會性議題都是國際社會、非牟利組織、學術界、傳播媒體和持份者十分關注的。

誠然，可持續發展強調的是經濟、環境和社會三方面的平衡[47]，有關社會範疇的課題是絕對不容忽視的，畢竟人類社會一直致力創造穩定、富有希望的生活環境，從而開拓有長遠發展前景的未來。

疫後貧富差距情況

會上，聯合國秘書長安東尼奧‧古特雷斯（Antonio Guterres）發言，表示全球有超過七成人口處於財富較不均的地區，加上性別、種族、家世及殘障等一些不利他們的背景因素，影響了生存和發展空間。而新冠疫情對弱勢群體造成的巨大衝擊，更令這情況變得更嚴重。[48]

諾貝爾得獎經濟學家安格斯・迪頓（Angus Deaton）曾分析全球地區的 2020 年經濟數據，發現如果以人口比例計算，疫情下國與國間的貧富不均情況上升了。[49] 國際公關公司愛德曼（Edelman）於同年進行有關全球信任度的調查，結果也顯示社會不平等的感覺日漸加劇。逾六成受訪者認為，教育程度較低、資源貧乏的人，容易因在疫情中承受較大的痛苦，及患病風險相對較高。[50]

人權性別議題

此外，當前性別不平等的情況仍需正視。就公平的優質教育而言，2019 年全球仍有 7.5 億成年人是文盲，其中三分之二是女性；在中亞，未能上學的適齡兒童中，女孩比男孩多 27%。[51] 世界各地的婦女和女童在無償家務勞動中所佔比例過大，缺乏決策自主權；而全球男性平均時薪水平亦比女性高 12%。[52]

聯合國秘書長古特雷斯進一步表示，新冠疫情有可能將更多女性推向貧窮，觸發更多家庭和網絡上的性別衝突，帶來有關人權、歧視和性別平等方面的挑戰。他呼籲各國之間達成新的全球協議，以確保更廣泛、更公平地分享權力、利益和機會，從而建立一個可持續發展、更包容和多元化的社會。

社會輿論推動
商界加倍重視

隨著社會進步，資訊全球化，越來越多人重視公共事務和社會權益，關注環保、女權、種族、勞工和人權等課題，而傳媒、民間組織及社會大眾亦對血汗工廠、破壞環境和商界貪污諸類事件十分著緊，漸漸凝聚成社會輿論壓力。正是這些不同社會群體的關注和期望，推動了企業在發展時要考慮更多方面的影響。

大眾的可持續發展意識提高

無疑，過去數十年有不少企業導致的災禍，引起了公眾的高度關注，推動不少企業完善管治政策。在 1984 年印度發生的「博帕爾毒氣泄漏事件」，便是其中一個活生生的例子。

當時一間農藥廠因為發生毒氣洩漏，導致三千多人死亡，數以萬計的人失明、受到嚴重毒害或終身殘疾等，並且嚴重破壞了當地的環境。這場被認為是史上最嚴重的工業災難之一，改變了世界各國化工集團拒絕跟社區通報的態度，亦提高企業對安全措施的關注。[53]

到了今天，社會大眾的可持續發展意識已不斷提高，對商界的期望亦越來越大。他們都要求企業在決策過程中，不單止考慮經濟效益，還要顧及對社會和環境的影響。事實上，在社會不公平感增加、極端貧困持續、氣候變化加劇，以及生物多樣性銳減的背景下，不只我們未來的生活受到威脅，企業的生存和發展也會大受影響。[54]

據聯合國全球契約組織（United Nations Global Compact）近年進行的調查分析，全球大型企業的行政總裁當中，超過四分之三認為可持續發展和信任度，將在未來五年成為行業競爭的成功關鍵要素，[55] 可見現今企業已視可持續發展為重要的策略方針。

企業如何應對可持續發展挑戰？

可持續發展一詞首次公開出現於上個世紀 80 年代。過去數十年，社會大眾對環境的關注越來越高、公民意識逐漸增強，時至今日，可持續發展已經變成一個常見的詞彙。不論是國家發展、城市規劃、企業管理，甚至日常消費品，它都無處不在。

在世紀疫情的觸發下，可持續發展更進一步成為國際社會關注的焦點，甚至變成部分國家發展的主旋律。而綠色和可持續發展經濟亦在這次疫情中，成了炙手可熱的投資議題。

隨著全球對可持續發展的關注度增加，今時今日的企業，必須在經營決策中加入社會和環境影響的考量，以保持競爭力，應對風險和發掘機遇。此外，有效地向公眾及投資者傳達其可持續發展策略和表現，同樣是企業必修的一課。

為了讓更多企業和投資者進一步了解可持續發展的趨勢，本書將闡述可持續發展概念的演化進程和定義，概覽全球、中國和香港特區的發展狀況，然後剖析它對企業和投資者的重要性和好處。在本書的後半部分，我們會以國際管理工具為基礎，輔以外國的參考案例及香港公司的實踐分享，簡介企業提升可持續發展表現的具體方法，以及展望未來發展。希望藉著本書深入淺出的介紹，可以推動更多企業及投資者抓緊時機，為全球實踐可持續發展目標作出貢獻。

第 二 章
可持續發展概念的進程

概念發展的三個階段

1987 年，世界環境與發展委員會（World Commission on Environment and Development）發表了《我們共同的未來》報告，提出將環境問題納入到社會發展的議程中，至今仍被認為是可持續發展概念的起源。並在後來被進一步擴展及深化。瑞典隆德大學學者德斯塔·梅布拉圖（Desta Mebratu）就給可持續發展概念的演化提出較有系統的描述[1]。他把發展過程分為三個時期，以下我們將會逐一闡述。

斯德哥爾摩會議前時期（1972 年之前）

梅布拉圖指出，可持續發展的概念早已存在。一些有關自然資源保護、國際和世代間的公平，以及未來福祉等問題，在兩、三百年前已經被西方學者們熱議。之後，人類對後代生存的關注，還有環境承載力的討論，塑造了可持續發展概念的雛形。到了 20 世紀 60 至 70 年代，環保議題逐步走向政策層面，簽訂了美國《國家環境政策法案》（National Environmental Policy Act），正式為可持續發展奠定了法律的基礎。

· 人類對後代生存的關注

著名社會學家馬克斯‧韋伯（Max Weber）及心理學家西格蒙德‧佛洛德（Sigmund Freud）認為，人類爲了實現更加安全和平衡的社會生活，需要犧牲一定的個人自由空間。這正正與現今的可持續發展觀念如出一轍。

19 世紀中期，美國博學家兼外交官喬治‧柏金斯‧馬胥（George Perkins Marsh）發現，地區層面的改變，有機會對全世界帶來影響[2]。這一想法之後得到其他學者的支持，例如美國古生物學暨地質學家納撒尼爾‧索斯蓋特‧沙勒（Nathaniel Southgate Shaler）及美國經濟學家肯尼士‧博爾丁（Kenneth E. Boulding）。前者強調為子孫後代爭取一個美好的未來，是當代人的道德義務；後者指出，地球極有可能是個資源有限的密閉實體。在這個前提下，人類爲了滿足後代的生存需要，必須探索並遵循維持循環生態系統的方法。

· 自然環境限制與地球承載力

在此期間，環境限制的說法同樣引起不少討論。英國人口學家托馬斯‧馬爾薩斯（Thomas Malthus）與政治經濟學家大衛‧李嘉圖（David Ricardo），在 19 世紀初共同提出了「自然環境限制思想」[3]的說法。馬爾薩斯認為，當人口不斷增長，土地作爲一種絕對資源，會導致人均糧食產量隨之降低。如果生活條件下降到僅能維持人類生存，人口數量或將停止增加。李嘉圖則指出，如果人口不斷增長，自然資源逐漸變得

稀少，經濟增長速度便會減慢。雖然，上述兩種論述都存在某程度的推斷性不足，但亦被認定為可持續發展概念的雛形。[4]

對此，學者查爾斯・吉德（Charles V. Kidd）更強調地球承載力的概念。他認為這一概念在很久之前已被用來展示人與自然之間的關係，即地球的承載力決定了增長的最大限度，從而演變出可持續發展的意識。

・環保議題走向政策層面

直至 20 世紀 60 至 70 年代，環保議題逐漸得到廣泛的關注。城市化和企業發展帶來不少污染問題，甚至引致石油洩漏和火災等環境災難。這些都令美國的環境運動變得日漸熾熱。

其中，最為人所知，由美國海洋生物學家蕾切爾・卡森（Rachel Carson）撰寫的《寂靜的春天》，正正是在這段時期推出。卡森的著作揭示了殺蟲劑對環境生態的影響，並指出化學污染如何構成民眾健康的威脅，提醒人類要反思未來，將自己視為地球的一部分，避免破壞生態平衡。此書至今仍然獲得不少高度評價，更被美國最高法院大法官威廉・道格拉斯（William O. Douglas）稱為「本世紀對人類最重要的編年史」。[5]

除了城市發展，越南戰爭和物質主義等社會變化，都為當時的環境帶來莫大負擔。隨後，美國地方及聯邦政府為了遏止水污染和空氣污染等問題，頒布了多項法律和法規，最終亦簽訂了《國家環境政策法案》，確立了可持續發展的基礎。

從斯德哥爾摩會議時期到《我們共同的未來》面世（1972-1987年）

到了 1972 年，聯合國人類環境會議在瑞典首都斯德哥爾摩召開。是次會議雲集全球超過 100 個國家的政府和專家代表，一同商討人類面臨的環境危機，以及環境管理的迫切性。會議最後通過了《人類環境宣言》[6]，加強了當時人們的環境保護意識，並對可持續發展概念的塑形產生了重要作用，當中包括：

· 在此之後，美國保護基金會出版了名為《粗心的技術：生態與國際發展》的報告，羅列多個工業化發展導致環境生態問題的事例，強調工業技術的進步是建基於我們對自然資源的無情開採。並且提出在發展過程之中，我們更應先把環境影響納入考慮。

· 國際性民間學術團體「羅馬俱樂部」亦將全球發展傾向和自然環境作了全面的分析。他們預言，以當時的經濟發展增長速度，大部分工業社會會在未來數十年間超出環境生態負荷，人類須在環保方面作出堅決的行動。

· 會議過後，人們逐漸將「環境」和「發展」的定義併為一談。

· 從前「無破壞的發展」的說法，在隨後數年逐變成「無害環境的發展」，強調環境保護在城市發展中的角色。這些改變，最終促使「生態發展」一詞在 1978 年的聯合國環境規劃署審查報告中首次出現。

另外，美國克萊蒙特研究大學學者塔德烏什·特日納特西那（Thaddeus C. Trzyna）認為，國際自然保護聯盟（International Union for the Conservation of Nature, IUCN）其實在 1980 年已提出以生態保育達致可持續發展目標的概念，只是在書面上未有正式出現「可持續發展」一詞而已。

終於，在七年之後，聯合國環境與發展世界委員會發表了《我們共同的未來》（Our Common Future），為可持續發展提出定義，而此定義至今仍廣為人所引用[7]：

「可持續發展是既能滿足當代人的需求，同時又無損未來世代自身需求的發展模式。」

雖然，在社會和環境不斷的變遷下，這個定義受到了社會各界的廣泛討論，但是《我們共同的未來》對可持續發展的闡述，毫無疑問是標誌著其理念的起點。

《我們共同的未來》之後（1987 年至今）

步入九十年代，聯合國環境與發展大會在 1992 年於巴西里約熱內盧召開。會議通過了多項重要舉措，包括《21 世紀議程》、《聯合國氣候變化框架公約》和《里約宣言》等，帶領著可持續發展概念由理論的探索，走向全球的國際政策層面。隨後，更促使聯合國可持續發展委員會和聯合國可持續發展機構間委員會等國際組織成立，進而定立了明確的目標和框架，具體地把可持續發展概念付諸為全球的行動。[8]

‧ 千年發展目標（Millennium Development Goals, MDGs）[9]

在 2000 年舉行的聯合國千禧高峰會中，各國元首一同表決通過《聯合國千年宣言》，並接著公布了全球一致的千年發展目標。以八個目標為本，推動所有聯合國成員一同在 2015 年之前，落實行動框架和策略以解決貧窮、疾病、婦女歧視和教育等世界性問題。以下八個發展目標均有其具體的完成指標及時間表：

1. 消滅極端貧窮和飢餓
2. 實現普及初等教育（建議跟官方一樣）
3. 促進兩性平等，並賦予婦女權力
4. 降低兒童死亡率
5. 改善產婦保健
6. 與愛滋病、瘧疾和其他致命疾病作鬥爭
7. 確保環境的可持續能力
8. 制訂促進發展的全球夥伴關係

15 年後，在各國的合作和努力下，千年發展目標帶動全世界在改善上述議題方面取得不錯的成果，包括全球的貧窮和產婦死亡比例下降、學齡兒童上學的比率提升、生物多樣性的流失減少，以及有效地遏止了愛滋病和瘧疾的蔓延。

- **聯合國可持續發展目標**（Sustainable Development Goals, SDGs）

隨著千年發展目標步向尾聲，聯合國在 2015 年聯合國可持續發展峰會上通過了了一系列的可持續發展目標。以 2030 年為期，推動成員國落實處理當下面對的經濟、政治和環境挑戰。

可持續發展目標可說是千年發展目標的升華，兩者同樣為全球各國提供了一個明確、一致的行動方針和議程來解決世界當前的問題。不同之處，在於千年發展目標較側重發展中國家，而可持續發展目標則強調夥伴關係和實用主義的精神，並將不同國家的能力和發展水準等納入考慮因素，使各國可以根據自己的發展優先次序來實踐目標，因此更能適用於所有國家之上。[10]

另外，在理念層面，可持續發展目標比千年發展目標多增九個項目。在消除貧窮和飢餓等問題的同時，還增設了和平與正義、創新、經濟平等和氣候變化等新領域。這些目標之間互相影響和依賴，因而更突顯可持續發展概念的原則。

可持續發展目標共有 17 個項目，具體又細分為 169 項追蹤指標，涵蓋經濟成長、社會進步與環境保護三個面向。

聯合國可持續發展目標

目標 1：在全世界消除一切形式的貧困

目標 2：消除飢餓，實現糧食安全，改善營養狀況和促進可持續農業

目標 3：確保健康的生活方式，促進各年齡段人群的福祉

目標 4：確保包容和公平的優質教育，讓全民終身享有學習機會

目標 5：實現性別平等，增強所有婦女和女童的權能

目標 6：為所有人提供水和環境衛生並對其進行可持續管理

目標 7：確保人人獲得負擔得起的、可靠和可持續的現代能源

目標 8：促進持久、包容和可持續經濟增長，促進充分的生產性就業和人人獲得體面工作

目標 9：建造具備抵禦災害能力的基礎設施，促進具有包容性的可持續工業化，推動創新

目標 10：減少國家內部和國家之間的不平等

目標 11：建設包容、安全、有抵禦災害能力和可持續的城市和人類住區

目標 12：採用可持續的消費和生產模式

目標 13：採取緊急行動應對氣候變化及其影響

目標 14：保護和可持續利用海洋和海洋資源以促進可持續發展

目標 15：保護、恢復和促進可持續利用陸地生態系統，可持續管理森林，防治荒漠化，制止和扭轉土地退化，遏制生物多樣性的喪失

目標 16：創建和平、包容的社會以促進可持續發展，讓所有
　　　　人都能訴諸司法，在各級建立有效、負責和包容的
　　　　機構
目標 17：加強執行手段，重振可持續發展全球夥伴關係

圖片來源：聯合國可持續發展目標官方網站

(聯合國不對本書內容進行審批，而本書內容亦不反映聯合國或其官員或會員國的觀點。)

(The content of this publication has not been approved by the United Nations and does not reflect the views of the United Nations or its officials or Member States.)

專題分析二

社會責任、ESG 與可持續發展

談到可持續發展，人們一般會聯想到企業的社會責任（Social Responsibility），以及環境、社會、企業管治（Environmental, Social, Governance, ESG）兩種實踐模式。從廣義來說，兩者同樣是以可持續發展作為框架和宗旨，不過前者針對的是企業自身的策略和行動，後者則普遍以資本市場的信息披露和投資策略作為考量。兩種模式稍有不同，但關係密切，亦有交錯重疊的地方。

社會責任理念的發展

在可持續發展概念不斷地深化和擴展的同時，上個世紀工商業發展蓬勃，衍生出連串有關環境災害和社會問題。加上全球化意識形態的崛起，令企業對環境和社會的影響受到越來越多的關注，企業要肩負社會責任的理念亦因此而發展起來。

在 20 世紀 30 年代之前，社會責任的觀念已經出現。當時，普遍輿論認為企業的社會責任是通過管理獲取最大利益，從而以經濟推動社會進步。直到 60 年代初，企業管理者的角色從本來的授權者變成了受權者，其職能由追求利潤擴展成平衡利益。企業所要負責任的對象，便由企業持有者變為更多持份者。社會大眾對企業的期望相應地轉移關注員工和顧客的利益、改善工作條件和消費環境等議題上，亦要求他們為社會發展發揮更大的作用。

自 90 年代起，全球化及環球經濟急速發展，生態環境惡化、自然資源被破壞、貧富懸殊等問題引起世界各國的關注。國際社會普遍期望，企業在發展的同時，應承擔包括尊重人權、保護勞工權益、保護環境等在內的社會責任，而這些社會責任的倡議和活動亦得到了世界各地的廣泛支援及贊同。

及後，英國學者約翰 · 埃爾金頓（John Elkington）在 1997 年提出「三重底線理論」（Triple Bottom Line），成為普遍理解的社會責任藍本。他主張企業要考慮利潤、大眾和環境三重底線，即是既確保企業生存的財務實力，同時又關注環境保護和社會公正。[11]

在這個基礎之上，來到 21 世紀，聯合國、世界銀行、歐盟和國際標準化組織（International Organization for Standardization）等重要單位，分別從不同角度進一步界定社會責任的定義，帶領著企業的社會責任走向國際化及標準化。

社會責任概念的發展

ESG 理念的發展

ESG 是過去十餘年才興起的投資理念。它鼓勵投資者在作投資決策時考量企業的可持續性，以及環境、社會和企業管治三個核心要素。

ESG 一詞首次出現於聯合國 2004 年出版的《在乎者即贏家》報告當中。報告提出，將 ESG 納入企業經營的評估準則可以幫助社會、金融市場，以至個人投資組合產生正面效益[12]。ESG 的概念很快便得到投資市場的關注和支持。兩年後，聯合國全球契約組織（UNGC）和聯合國環境規劃署可持續金融倡議（UNEP FI）共同發布負責任投資原則（Principles for Responsible Investment, PRI），令 ESG 投資成為西方國家新興的投資方式。[13]

在 ESG 的原則下，「環境」的考量層面主要是公司運作對環境的影響；「社會」標準著重的是公司處理員工、客戶和社會上其他持份者的關係；「企業管治」評估的是企業的管理和實施效果，如董事會的組成和成效、風險管理以及透明度等要素。

隨著經濟活動日趨蓬勃，社會及環境生態的問題也伴隨而來。將環境、社會和企業管治這些 ESG 元素納入投資決策或企業營運的概念，亦因而逐漸受到重視。今時今日，全球不論是政策決策者、企業、金融機構，還是投資者都意識到這種以可持續發展為指標的投資模式，能在社會層面產生正面的效益，同時可為投資帶來長遠回報，從而令 ESG 漸成主流的投資策略之一。

ESG在環境、社會及企業管治三方面的部份重要元素

環境（E）	社會（S）	管治（G）
環境污染	客戶滿意程度	問責準則
生物多樣性	保護客戶資料和私隱	反競爭行為
氣候變化	多元化社會	審核委員會架構
砍伐樹林	平等機會	董事局組成
生態系統服務	僱員關係	反貪污
能源效益	政府及社區關係	商業道德
有害物質	人力資源管理	行政人員報酬
土地退化	人權及原住民權利	危機管理
資源流失	勞工標準	董事局主席的獨立性
廢物管理	市場推廣	繼任規劃
水荒	產品安全及責任	吹哨機制
	不當銷售	
	供應鏈管理	

參考資料：負責任投資原則

社會責任和 ESG 的異同

社會責任和 ESG 同樣是在商業活動之中，追求可持續發展的手
段，但是兩者的對象和應用稍有不同。前者通常是由企業自身
進行，把社會責任視為編制營運策略時，一併考量的內容。而
後者一般是從投資者的角度出發，由他們或者基金經理對企業
進行評估，衡量相關企業面對的風險和回報 [14]；另一方面，企
業通過 ESG 信息披露，讓投資者了解其可持續發展表現，以及
企業內部的非財務風險及可能因此導致的財務風險 [15]。

社會責任、ESG 與可持續發展目標的關聯性

在全球加快推動可持續發展的背景下，商界採用不同框架回應
並實踐可持續發展。為方便企業衡量自身運營和管治對環境及
社會的影響，並了解與聯合國可持續發展目標的關聯性，本書
根據聯合國報告、世界經濟論壇及國際標準化組織發表的文獻，
整理出可持續發展目標與社會責任及 ESG 的配對關係圖表。[16]

可持續發展目標與社會責任及 ESG 的配對關係圖

可持續發展目標	社會責任 (ISO 26000 指南的七大核心主題 *)						
	企業管治	人權	勞動實務	環境	公平營運實務	消費者議題	社區參與和發展
1 零貧困	●	●	●	●	●	●	●
2 零飢餓	●	●	●	●	●		●
3 良好的健康與福祉	●	●	●	●			●
4 包容、公平的優質教育	●	●	●				●
5 性別平等	●	●	●		●		●
6 潔淨食水和衛生	●	●	●	●	●	●	●
7 可再生能源	●			●			●
8 經濟增長及充分的就業	●	●	●	●	●		●
9 產業、基建和創新	●			●			●
10 減少不平等	●	●	●		●		●
11 可持續發展城市及社區	●	●			●	●	●
12 可持續消費及生產模式	●			●		●	●
13 應對氣候變化	●	●		●			●
14 保護海洋生態	●			●	●		●
15 陸上生態保育	●	●		●			●
16 和平與公義	●	●			●		●
17 重振可持續發展全球伙伴關係	不適用，因為目標 17 只適用於國家而非機構						

* 有關《ISO 26000 社會責任指南》七大核心主題之介紹，請參閱第七章

可持續發展目標	ESG（三個元素）		
	環境	社會	管治
1 零貧困		● *	● *
2 零飢餓		●	
3 良好的健康與福祉		●	
4 包容、公平的優質教育		●	
5 性別平等		● *	● *
6 潔淨食水和衛生	● *	● *	
7 可再生能源	● *	● *	
8 經濟增長及充分的就業		● *	● *
9 產業、基建和創新		●	● *
10 減少不平等		● *	● *
11 可持續發展城市及社區	● *	● *	
12 可持續消費及生產模式	●		
13 應對氣候變化	●		
14 保護海洋生態	●		
15 陸上生態保育	●		
16 和平與公義		● *	● *
17 重振可持續發展全球伙伴關係			●

* 該可持續發展目標適用於多個環境、社會和管治的範圍

可持續發展相關的
重要倡議

全球對可持續發展的關注與日俱增，要達成可持續發展目標，有賴政府、商界、國際組織和市民的攜手合作。毫無疑問，商界的參與和支持，在實現可持續發展目標上扮演著十分重要的角色。

有見及此，國際權威機構及組織，包括聯合國、世界銀行、歐盟、國際資本市場協會和國際標準化組織等，先後推出多個與可持續發展相關的倡議及指南，就社會責任、ESG 及負責任投資等不同角度，提供框架予業界參考實踐。透過這些工具，企業及投資者能夠更有效地提升可持續發展表現，協助全球朝著可持續發展目標邁進。

1997 年－全球報告倡議
（Global Reporting Initiative, GRI）

全球報告倡議組織是一個獨立的國際組織，由聯合國環境規劃署（United Nations Environment Programme, UNEP）和環境經濟組織（Coalition for Environmentally Responsible Economics, CERES）在 1997 年發起，其目的是建立全球通用的可持續發展報告框架供企業和機構使用。

隨著持份者對企業可持續發展表現的資訊披露要求越來越高，一套統一、全面，而且具標準性的通用語言自然漸成市場迫切的需求。GRI 於 2000 年制定其首份可持續發展報告指引，及後發布多個更新版本，並於 2016 年推出《全球報告倡議組織標準》，成為全球範圍內針對經濟、環境和社會影響的公開報告中，應用得最廣泛的標準。除了提高企業可持續發展表現報告的可比性外，這個 GRI 標準具備很大的靈活性，提供通用全面的披露準則，或針對特定主題（經濟、環境和社會影響）的披露準則所為報告框架，因此能滿足不同企業對編制可持續發展報告的要求。[17]

到目前為止，全球最大的 250 間企業中，有很大部分都是使用 GRI 標準來報告它們的可持續表現，可見此標準的普及性。[18]

2003 年－赤道原則（Equator Principles, EPs）

赤道原則是在融資過程中，用以確定、衡量和管理項目所涉及的環境和社會風險之金融行業基準，乃一套非強制的自願性原則。採納赤道原則的金融機構，確保所融資和提供諮詢服務的項目，會按照對社會負責的方式發展，並體現健全的環境管理實踐。這個準則於 2003 年 6 月首次發布，由一群私人銀行所制定，參與制定的銀行有花旗集團、荷蘭銀行、巴克萊銀行與西德意志銀行等。他們採用世界銀行的環境保護標準與國際金融公司的社會責任方針，形成了這套原則。[19]

2005 年－負責任投資原則
（Principles for Responsible Investment, PRI）

負責任投資原則（PRI）是在 2005 年年初，由時任聯合國秘書長科菲‧安南邀請來自世界上主要的機構投資者共同制定的。其宗旨是推動社會人士關注環境、社會和企業治理對投資的影響，並鼓勵參與此原則的機構（即簽署方）將 ESG 概念納入投資和所有權決策中。

PRI 要求參與機構貫徹遵守負責任投資的六項原則。此六項原則由投資者制定，並且得到聯合國的支持。到目前為止，全球已經有來自 60 多個國家，超過 2000 間的機構參與，並涉及 80 萬億美元的資產。[20] 負責任投資的六項原則包括：

1. 將 ESG 議題納入投資分析和決策過程
2. 成為積極的所有者，將 ESG 議題納入到所有權政策和實踐
3. 要求被投資公司披露有關 ESG 的資訊
4. 推動投資業採納，並貫徹落實負責任投資原則
5. 共同努力，提升負責任投資原則的實施效能
6. 披露負責任投資原則的實施情況和進展

2010 年－ ISO 26000 社會責任指南

ISO 26000 社會責任指南於 2010 年發布，是國際標準化組織（International Organization for Standardization, ISO）與企業、各國政府、國際特赦組織等人權團體、綠色和平等環保團體、國際透明機構等反貪污運動團體協商多時的成果，

目的是希望企業能落實社會責任，將企業所獲得的成果與社會一同分享。[21]

ISO 26000 為社會責任定下具體指標，並有七個核心主題，包括：企業管治、人權、勞動實務、環境、公平營運實務、消費者議題、社區參與和發展，涵蓋了經濟、環境及社會三方面的責任。企業應該考慮每個核心主題與企業之間的相關性，並針對七大核心主題，建立、實施及核查企業的社會責任表現。（詳細介紹請參閱第七章）

2017 年 — 氣候相關財務披露工作小組（Task Force on Climate-related Financial Disclosures, TCFD）

氣候相關財務揭露工作小組是由二十國集團旗下的金融穩定委員會於 2015 年成立，並在之後的兩年正式發布 TCFD 的內容，目的是協助企業評估氣候變化帶來的財務風險和機遇，將其量化，使投資者在投資前能夠獲取可靠有用的財務風險資訊。[22]TCFD 的評怙針對氣候變化議題，其建議圍繞管治、策略、風險管理，以及指標和目標，共四個範疇。[23]

管治	關於企業如何管理與氣候變化有關的風險和機遇。
策略	關於氣候變化對企業業務和財務帶來的實質和潛在影響。TCFD 建議企業用情境分析的方法，分析在不同的氣候變化環境下，公司策略和財務計劃的抗禦力
風險管理	關於企業如何識別、評估和管理氣候相關風險的過程
指標和目標	關於評估和管理氣候相關風險和機遇所用的指標和目標

2018 年－ SASB 重要性圖譜（Materiality Map）

可持續發展會計準則委員會（Sustainability Accounting Standards Board, SASB）認為，企業的市場價值不應只取決於其財務業績，應亦考慮無形的資產，即是品牌價值、環境和社會影響等。於是，SASB 在 2018 年推出了全球首個可持續發展會計準則，在傳統行業分類系統的基礎上，根據企業的業務性質、資源數量、可持續影響力和可持續創新潛力等條件，將企業分成共 77 個行業。同年，SASB 與彭博社共同製定了一個涵蓋這 77 個行業的重要性圖譜。[24]

過去，企業即使公開披露他們的 ESG 資訊，不少投資者都仍難以識別哪些資訊對投資決策才是最有用。SASB 重要性圖譜透過社會資本、人力資本、環境、領導能力和管治，以及商業模式和創新五個層面，把不同行業可能涉及的可持續發展項目進行配對，令企業和投資者容易識別與其業務和財務有關的可持續發展題目。[25] 同時，圖譜把行業性質這個因素納入到衡量指標中，亦令企業可持續發展資訊的可比性大大提高。

2018 年－綠色債券原則
（Green Bond Principles, GBP）

綠色債券原則由國際資本市場協會（International Capital Market Association, ICMA）聯合 130 多個金融機構推出，是核查綠色債券的非強制程式指引，建議發行綠色債

券須具透明度並作出披露及匯報。[26] 根據 2018 年 6 月版本的指引，綠色債券原則分為四大核心部分：募集資金用途（Use of Proceeds）、項目評估與篩選流程（Process for Project Evaluation and Selection）、募集資金的管理（Management of Proceeds）以及報告（Reporting）。自 2018 年起，香港品質保證局成為國際資本市場協會《綠色債券原則》的觀察員。

2019 年－負責任銀行原則
（Principles for Responsible Banking）

《負責任銀行原則》由聯合國環境署金融倡議（UNEP FI）牽頭，由資產總額逾 17 萬億美元的來自五大洲的 28 家銀行制定。[27] 此原則旨在為負責任銀行設定全球基準，並為如何實現負責任銀行提供了可行性指導，要求銀行依據如「聯合國可持續發展目標」、《巴黎協定》和國家相關框架所述的社會目標，在其最具重大正面和負面影響的領域制定和公布自身目標。聯合國《負責任銀行原則》提供了一個框架，幫助銀行將可持續發展作為其業務的核心。通過成為簽署方，銀行致力於將自身的業務戰略和實踐與可持續發展目標及《巴黎協定》所倡議的目標保持一致。

2021 年－ ISO 14030 綠色債務工具——指定項目及資產的環境表現

不同市場的綠色金融之間缺乏可比性和一致性，是綠色金融市場發展和跨境資本流動面臨的一道障礙。投資者難以識別

合適的綠色項目或綠色資產，即使想投資這個領域，也常常
不知從何入手。[28]

在此背景下，國際標準化組織環境管理技術委員會（ISO/TC
207）於 2017 年成立了工作小組，制定一系列有關綠色債務
工具的標準，推廣一套共同理念及方法，提高其一致性、清
晰度及透明度。

ISO 14030 的初步架構包括：[29]
・ISO 14030-1 綠色債務工具 —— 綠色債券流程
・ISO 14030-2 綠色債務工具 —— 綠色貸款流程
・ISO 14030-3 綠色債務工具 —— 分類
・ISO 14030-4 核查程式要求

負責制定此標準的 ISO/TC 207/SC4 技術委員會主席約翰・
西德勒博士（Dr John Shideler），在 ISO 官方刊物表示，
相信 ISO 14030 的推出，有助在可在市場上定下明確的標準，
建立業界共識，提升投資者的信心。[30]

ISO/TC 207/SC4 技術委員
會主席 Dr John Shideler
（左）與香港品質保證局可
持續發展助理高級經理黃
偉國先生（右）於 ISO 有
關綠色債務工具之技術委
員大會上合照

ISO 14030 標準第一、二及四部分的國際標準最終草案版（FDIS）已獲得批准，並於 2021 年 9 月出版；而第三部分正在進行從委員會草案（CD）到國際標準草案（DIS）的投票階段。

正籌劃推出 — ISO 32210 可持續金融框架——原則和指南

2018 年，國際標準化組織成立可持續金融技術委員會（ISO/TC 322），專責處理有關可持續金融，以及在金融支持的經濟活動中融入 ESG 及其他可持續發展相關元素的標準化工作。該技術委員會目前包括 22 個參與成員國和 13 個觀察員國。[31]《可持續金融框架 —— 原則和指南》（ISO 32210）是 ISO/TC 322 目前正在推動制定的三項國際標準之一。[32]

ISO 32210 為金融機構實現正面的環境和社會效益、可持續價值，以及減緩風險提供了原則和指南，旨在協助機構[33]：

· 開展過渡活動，邁向可持續發展的長遠目標
· 把握全球轉型帶來的新投資機會
· 提升投資組合的可持續發展表現及長遠商業回報
· 識別和減緩風險
· 滿足持份者期望

ISO 32210 適用於全球處於不同可持續發展階段的機構。機構可以根據現有的運營能力及元素，採用所有或部分原則和指南。該原則和指南亦可用於不同市場的資產、項目和服務；以及包括債務、股權、風險轉移、混合產品和其他金融服務在內的工具。

目前，ISO 32210 正在進行從委員會草案（CD）到國際標準草案（DIS）的投票階段。

國際證監擬制訂全球統一企業氣候報告標準

身兼國際證監會組織理事會主席的香港證監會行政總裁歐達禮（Ashley Alder）表示，國際證監會（The International Organization of Securities Commissions, IOSCO）現時正深度參與國際財務報導準則（IFRS）的制訂工作。IFRS 將為可持續披露設立一個全球統一的企業氣候報告標準，並將重心放在氣候暖化。該氣候標準最早將於 2022 年年中發布。[34]

發展綠色和可持續金融國際標準——香港的參與

香港品質保證局致力參與推動綠色和可持續金融國際標準的發展，將研發所得的知識及經驗，貢獻於國際通用的標準，為推動全球資本市場的可持續發展盡一分力。

自 2017 年起，局方的綠色金融專家分別獲中國標準研究院及香港特區政府創新科技署提名，以中國／香港特區專家身份獲得推薦加入 ISO/TC 207/SC 4 技術委員會及其工作小組（ISO/TC 207/SC 4/WG 7），參與制定《ISO 14030 綠色債務工具——環境表現評價的一系列的相關標準》。自 2018 年 12 月起，亦獲香港特區政府創新科技署推薦，以香港特區專家身份加入 ISO/TC 322 技術委員會，參與制定《ISO 32210 可持續金融框架 - 原則和指南》

香港品質保證局專家參與 ISO 有關綠色債務工具之技術委員會

**參與制定「ISO 32210 可持
續發展金融之框架：原則及
指南」之會議**

此外，香港品質保證局自 2018 年起，成為國際資本市場協會
《綠色債券原則》的觀察員。

引入國際標準和原則 推動業界持續進步

香港品質保證局在區內積極推廣可持續發展和負責任投資，多年來不但致力引入國際先進的標準和原則，開發多元化的合格評定服務，亦透過知識分享及技術轉移，促進業界提升可持續發展表現。

早於 2007 年，香港品質保證局已為企業提供基於《全球報告倡議》及其他國際指引和標準的可持續發展報告核查服務，以提升報告的質量和公信力；2008 年，在香港上海匯豐銀行的初始支持下，參考《ISO 26000 社會責任指南》開發了「HKQAA社會責任指數」，提供定量指標評估企業的社會責任表現；至2014 年，再根據並參考 ISO 26000 指南、《全球報告倡議》及香港交易所《環境、社會及管治報告指引》等準則，推出「香港品質保證局可持續發展評級與研究」平台，為「恒生可持續發展企業指數系列」就上市公司的可持續發表現提供評級服務，並發布年度整體評級研究報告。

2006 年的香港品質保證局專題研討會，邀請了時任全球報告倡議組織中國總監 Sean Gilbert 先生介紹可持續發展報告的最新趨勢

「HKQAA 社會責任指數」參與機構合照

近年，在制定綠色和可持續金融相關的認證及評審服務中，香港品質保證局亦參考了多個國際及國家標準和原則，當中包括《綠色債券原則》、《社會債券原則》、《綠色貸款原則》、《赤道原則》、ISO/DIS 14030 環境績效評估——綠色債務工具（第1-4 部分）等。

此外，香港品質保證局定期舉辦大型專題研討會和論壇、發表專業研究報告、出版期刊和專題書籍，推廣國際及國家可持續發展相關標準和原則，增進業界知識技術交流，涵蓋聯合國可持續發展目標、氣候相關財務資訊披露工作小組（TCFD）的框架、《全球報告倡議組織標準》、ISO 26000 指南、《負責任投資原則》及《綠色債券原則》等範疇。

香港品質保證局在香港及西安舉行大型論壇，推廣綠色金融及可持續發展

香港品質保證局將引進及推廣更多國際標準，提供更多解決方案予企業及社會，推動業界持續進步，共同締造可持續發展的營商環境。

第 三 章

全球可持續發展概覽

世界整體
可持續發展進程

如前文所言，可持續發展概念日漸成熟，國際社會提出多種可持續發展的框架和理論，例如社會責任及 ESG 兩種實踐模式。此外，2015 年聯合國推出 17 個可持續發展目標，進一步推動可持續發展成為全球發展的共識。不過，聯合國副秘書長劉振民今年在「可持續發展高級別政治論壇」上指出，經過過去幾年的努力，雖然國際社會在減少貧困、推進性別平等和擴大電力供應覆蓋等一些可持續發展的重要領域取得了進展，但仍未能按時完成可持續發展目標的階段成果，世界各國仍要繼續努力。[1]

聯合國發表的《可持續發展目標報告 2021》，便綜合分析了全球整體的可持續發展進程。報告除跟進各聯合國成員國的可持續發展目標執行進度，亦依據各地提供的資料，闡述和推論新冠病毒對實現 17 個可持續發展目標可能產生的影響：[2]

目標 1：無貧窮

突如其來的疫情令全世界面臨大蕭條以來最嚴重的經濟損失，更使貧困問題於數十年來首次加劇。2020 年陷入極端貧困的

人口數量增加了 1.19 至 1.24 億人。世界各國政府已實施 1,600 項短期社會保護措施以應對疫情，但有 40 億人未被納入此社會保障中。疫情突顯健全社會保障體系對貧窮和弱勢群體的重要性。

目標 2：零飢餓

疫情的蔓延加劇了全球飢餓的嚴重程度。 在 2020 年，全球營養不良人數從 2019 年的 6.5 億人，增至 7.2 億至 8.1 億；全世界共有  23.7 億人處於沒有食物或無法實現健康規律飲食的情況；5 歲以下兒童發育遲緩的人數共有 1.49 億。

目標 3：良好的健康與福祉

在新冠肺炎疫情出現之前，許多健康指標的進展雖然偏慢，但都朝正向發展，如孕產婦和兒童健康有所改善，免疫接種覆蓋率有所提高，傳染病人數亦有所減少。然而，疫情令全球公共健康的發展步伐倒退，大約 90% 的國家發生基礎衛生服務一次或多次中斷，甚至縮短了某些國家國民的平均預期壽命。

目標 4：優質教育

優質教育的進展過於緩慢。受疫情所致，不少學校需要關閉。全球大部分學生無法上學，教育系統受阻，對弱勢及低收入國家的影響更甚。在低收入國家中，兒童學業完成率在最富裕的兩成家庭中佔 79%，但在最貧困的兩成家庭中只佔 34%，而遠程學習對全球至少 5 億名學生來說仍然是遙不可及。此外，大約 65% 的中低收入國家和 35% 的中高收入國家減少了政府對教育的資助。

目標 5：性別平等

性別不平等的情況稍有改善。擔任領導職務或政治代表的女性人數亦有所上升。在 2020 年，女性在國家議會佔的比例為 25%。女性在對抗新冠病毒的角色尤關重要，因為她們佔衛生和社會工作者人數的七成，但同時，在疫情造成的社會和經濟影響下，增加了針對女性的暴力風險，部分國家的家庭暴力案件上升了 30%。

目標 6：清潔飲水和衛生設施

2015 年至 2020 年期間，使用安全飲用水的全球人口比例從

70.2% 增加到 74.3%。儘管取得了這些進展，2020 年仍有 20 億人缺乏安全的飲用水，其中 7.71 億人甚至沒有基本飲用水。新冠病毒疫情迫使全世界採取行動控制病毒的傳播，因而提高了大家對水、環境衛生及個人衛生的健康意識，但預計到了 2030 年，仍將會有 7 億人因缺水而流離失所。雖然各國正致力改善現況，但部分國家距離達標仍存在超過 60% 的資金缺口，預計難以在 2030 年前實現。

目標 7：經濟適用的清潔能源

雖然全球在電力覆蓋和可再生能源方面有所進步，但各國還需加大力度才能於 2030 年前達到目標。全球電力接入率從 2010 年的 83% 提高到 2019 年的 90%，實現 11 億人首次用電，但 2019 年仍有 7.59 億人無法使用電力。疫情雖然增加了世界對可靠能源的關注，但其引致的供應鏈中斷和經濟問題，卻阻礙了可負擔和可靠能源的發展進程。

目標 8：體面工作和經濟增長

在疫情爆發之前，全球的經濟增長正在放緩。由 2010 至 2018 年，人均本地生產總值增長 2%，而 2019 年則是 1.3%。疫情造成了大蕭條以來最嚴重的經濟衰退。2020 年全球損失了相當於 2.55 億個全職的工作崗位，大約是 2007 至 2009 年全球金融危機期間損失數量的四倍。各國需要採取緊急措施支持企業，增加及保護現有的工作崗位。

目標 9：產業、創新和基礎設施

全球投放在創新研發的資金增加，由 2010 年的 1.4 萬億美元提升至 2018 年的 2.2 萬億美元。不過，在 2006 年至 2018 年期間，只有大約三分之一的小型工業得到信貸支持，因此增加獲得融資的機會對疫情後的經濟復蘇起到重要作用。疫情對運輸業造成嚴重打擊。全球航空旅客人數從 2019 年的 45 億人次下降到 2020 年的 18 億人次，下降了 60%。另外，在 2020 年，最不發達國家中可用互聯網的人只有五分之一。

目標 10：減少不平等

在疫情出現前，發展中國家收入不平等的情況正在改善，然而，國際貨幣基金組織在 2020 年 10 月的《世界經濟展望》估計，疫情使這些國家的平均堅尼系數提高 2.6 個點，達到 42.7（增加 6%）。疫情除了導致全球衰退，減少向發展中國家提供援助外，亦可能會引致歧視情況蔓延，最終令不平等

加劇。弱勢群體如老人、殘疾人士、婦女、兒童、移民和難
民會成為最受影響的一群。

目標 11：可持續發展城市和社區

城市化令城市人口面臨環境污染和公共設施匱乏等問題。
在 2016 年，全球有 420 萬人因空氣污染而提早死亡；而在
2019 年，只有一半的城市人口能夠使用便捷的公共交通工
具。同時，城市的無序擴張亦增加了貧民窟的居住人數。至
2018 年，住在貧民窟的人口已超過兩成（即超過 10 億人），
而這些人的生活質素在疫情期間受到尤其嚴重的影響。

目標 12：負責任消費和生產

全球物質消耗量高企，原材料足跡（Material Footprint）增
長速度比人口和經濟增長快。2017 年全球原材料足跡是 859
億噸，相較 2010 年增加 127 億噸。糧食在運輸和存儲等供
應鏈中的損失比例甚高，單在 2016 便佔 13.8%。但值得一提
的是，到 2020 年，共有 83 個國家和歐盟共報告了 700 項可
持續消費和生產模式的政策或措施，而疫情亦有助帶動可持
續消費和生產模式的發展。

目標 13：氣候行動

氣候變化導致極端天氣變得更為頻繁，2018 年受自然災害影
響的人數超過 3900 萬。雖然疫情令 2020 年的溫室氣體排放

量有所下降，但到 2020 年 12 月，排放量已全面回升，比 2019 年同期高出 2%。國際社會應以正面積極的態度處理氣候變化危機，汲取疫情帶來的教訓，加快採取革命性行動，減少碳排放及提高經濟和社會的適應力。

目標 14：水下生物

碳排放及氣候變化加劇海洋酸化，預計到 2100 年海洋酸度將上升超過 100-150%，威脅逾半海洋生物。令人鼓舞的是，海洋生態保育漸得到國際的關注。2000 年至 2020 年間，生物多樣性重要區域由 28% 上升至 44%；亦有 66 個國家簽署了《港口國措施協定》，共同打擊非法捕魚。

目標 15：陸地生物

在 2015 年至 2020 年間，每年便有 1000 萬公頃的森林消失，20 億公頃的土地退化，森林面積因農業擴張而以驚人的速度減少，許多物種因缺乏棲息地而滅絕。至 2020 年，超過 3.1 萬個生物物種將頻臨滅絕，佔世界自然保護聯盟紅色名錄中的 27%。可是，目前 113 個國家中，只有不足一半的國家有望將生物多樣性納入國家規劃當中，全球在保護陸上生態系統方面還需努力。

目標 16：和平、正義與強大機構

到 2020 年底，因迫害、衝突或廣義的暴力而被迫流離失所的人數超過 8240 萬人，是有紀錄以來最高。即使得到國際法保護，全球每天仍有 100 名平民在武裝衝突中死亡。不過，全球殺人犯罪率有下降跡象，而且共有 127 個國家通過了信息權利或信息自由法律。

目標 17：促進目標實現的伙伴關係

經濟合作與發展組織發展援助委員會成員國的官方發展援助淨流量在 2020 年達到 1,610 億美元，比 2019 年增長 7%，以支持具包容性的全球經濟復蘇。然而，2020 年的外國直接投資額較 2019 年下降了 40%，是自 2005 年以來首次降至 1 萬億美元以下。全球仍須加強多邊主義和各國的夥伴關係，以解決疫情和未來的危機。

各國可持續發展現況

除了上述綜合報告外，貝塔斯曼基金會和聯合國可持續發展解決方案網絡亦聯合發表《可持續發展報告 2021》，根據聯合國 193 個成員國實現 17 個可持續發展目標的整體表現評分及排名，展示了不同國家的進展情況。[3]

根據該報告，全球可持續發展整體表現排名前十的國家均來自歐洲，其中除了挪威以外的九個國家均隸屬歐盟成員國，按照排名先後次序，分別是芬蘭、瑞典、丹麥、德國、比利時、奧地利、挪威、法國、斯洛文尼亞、愛沙尼亞。此外，英國排名第 17、美國排名第 32。

就亞洲區而言，前三名分別是：日本（全球排名第 18）、韓國（全球排名第 28）、塞浦路斯（全球排名第 40）；中國則排行第 9（全球排名第 57）。全球排名最後的國家大多數來自非洲，分別是乍得、南蘇丹、以及中非共和國。

由此可見，至 2021 年亞洲國家在可持續發展方面的整體表現普遍較歐洲遜色。另一份由博鰲論壇發布的《可持續發展的亞洲與世界》2021 年度報告，分析亞洲多個主要國家的發展表現，指出基礎設施、綠色轉型和衛生健康的不足，以及數

碼科技的鴻溝，都是限制目前亞洲經濟可持續發展復蘇的主要障礙。在各國財政和資源都十分有限的情況下，政府應集中處理上述問題，藉協同效應推動其他可持續發展領域向前邁進。[4]

（有關香港與其他城市的可持續發展現狀比較，請參閱第五章。）

部分國家可持續發展表現排名及分數

（資料來源：《可持續發展報告 2021》）

次序	國家	分數	次序	國家	分數
1	芬蘭	85.9	17	英國	79.97
2	瑞典	85.61	18	日本	79.85
3	丹麥	84.86	19	斯洛伐克共和國	79.57
4	德國	82.48	20	西班牙	79.46
5	比利時	82.19	21	加拿大	79.16
6	奧地利	82.08	22	拉脫維亞	79.15
7	挪威	81.98	23	新西蘭	79.13
8	法國	81.67	24	白俄羅斯	78.82
9	斯洛文尼亞	81.60	25	匈牙利	78.78
10	愛沙尼亞	81.58	26	意大利	78.76
11	荷蘭	81.56	27	葡萄牙	78.64
12	捷克共和國	81.39	28	韓國	78.59
13	愛爾蘭	80.96	29	冰島	78.17
14	克羅地亞	80.38	30	智利	77.13
15	波蘭	80.22	31	立陶宛	76.70
16	瑞士	80.10	32	美國	76.01

次序	國家	分數
33	馬耳他	75.75
34	塞爾維亞	75.59
35	澳大利亞	75.58
36	烏克蘭	75.51
37	希臘	75.41
38	以色列	75.04
39	羅馬尼亞	74.97
40	塞浦路斯	74.87
41	烏拉圭	74.55
42	盧森堡	74.21
43	泰國	74.19
44	吉爾吉斯共和國	74.00
45	保加利亞	73.81
46	俄羅斯聯邦	73.75
47	波斯尼亞和黑塞哥維那	73.70
48	摩爾多瓦	73.68
49	古巴	73.65
50	哥斯達黎加	73.55
51	越南	72.85
52	阿根廷	72.80
53	厄瓜多爾	72.54
54	北馬其頓	72.53
55	阿塞拜疆	72.41
56	格魯吉亞	72.23
57	中國	72.06
58	亞美尼亞	71.79

次序	國家	分數
59	哈薩克斯坦	71.64
60	突尼斯	71.44
61	巴西	71.34
62	斐濟	71.24
63	秘魯	71.09
64	阿爾巴尼亞	71.02
65	馬來西亞	70.88
66	阿爾及利亞	70.86
67	多米尼加供各國	70.76
68	哥倫比亞	70.56
69	摩洛哥	70.53
70	土耳其	70.38
71	阿拉伯聯合酋長國	70.17
72	喬丹	70.14
73	阿曼	70.13
74	伊朗	70.01
75	不丹	69.98
76	新加坡	69.89
77	烏茲別克斯坦	69.84
78	塔吉克斯坦	69.76
79	馬爾代夫	69.27
80	墨西哥	69.13
81	牙買加	68.97
82	埃及	68.65
83	巴巴多斯	68.45
84	文萊達魯薩蘭國	68.27

部份國家實現可持續發展目標之進程
（資料來源：《可持續發展報告 2021》）

全球排名前十的國家

芬蘭
排名第 1
總體表現得分為85.90分，其中實現了的SDGs為目標1、4、6及7。

瑞典
排名第 2
總體表現得分為 85.61 分，其中實現了 SDGs 的目標 1、5、7 及 9，以及共有 8 項表現較為突出的，分別是目標 3、4、6、8、10、11、16 及 17。

丹麥
排名第 3
總體表現得分為 84.86 分，其中實現了 SDGs 的目標 1、7 及 10，以及共有 9 項表現較為突出的，分別是目標 3、4、5、6、8、9、15、16 及 17。

德國
排名第 4
總體表現得分為 82.48 分，暫時沒有實現了的 SDGs，但共有 9 項表現較為突出，分別是目標 1、3、7、8、9、10、11、16 及 17。

比利時
排名第 5
總體表現得分為 82.19 分，其中實現了 SDGs 的目標 1，以及共有 7 項表現較為突出的，分別是目標 3、5、8、9、10、11 及 16。

奧地利
排名第 6
總體表現得分為 82.08 分，其中實現了 SDGs 的目標 1、7 及 16，以及共有 7 項表現較為突出的，分別是目標 3、4、6、8、9、10、及 11。

挪威
排名第 7
總體表現得分為 81.98 分，其中實現了 SDGs 的目標 1、3、5、7、10 及 17，以及共有 4 項表現較為突出的，分別是目標 8、9、11 及 16。

法國
排名第 8
總體表現得分為 81.67 分，其中實現了 SDGs 的目標 1，以及共有 7 項表現較為突出的，分別是目標 3、5、6、7、9、10 及 11。

斯洛文尼亞
排名第 9
總體表現得分為 81.60 分，其中實現了 SDGs 的目標 1、8 及 16，以及共有 8 項表現較為突出的，分別是目標 3、4、5、6、7、10、11 及 15。

愛沙尼亞
排名第 10
總體表現得分為 81.58 分，其中實現了 SDGs 的目標 15，以及共有 7 項表現較為突出的，分別是目標 1、4、6、7、8、11 及 16。

亞洲排名前十的國家 *

日本
排名第 18

在亞洲國家中，位居第一，總體表現得分為 79.85 分，其中實現了的 SDGs 為目標 4、9 及 16；表現較為突出的共有 5 項，分別是目標 1、3、6、8、及 11。

韓國
排名第 28

總體表現得分為 78.59 分，其中實現了的 SDGs 為目標 4。表現較為突出的共有 6 項，分別是目標 1、3、8、9、11 及 16。

塞浦路斯
排名第 40

總體表現得分為 74.87 分，其中實現了的 SDGs 為目標 1 及 4。表現較為突出的共有 6 項，分別是目標 3、5、6、7、8 及 16。

泰國
排名第 43

總體表現得分為 74.19 分，其中實現了的 SDGs 為目標 1。表現較為突出的是目標 4。

吉爾吉斯共和國
排名第 44

總體表現得分為 74.00 分，其中實現了的 SDGs 為目標 4。表現較為突出的共有 7 項，分別是目標 1、7、10、11、12、13 及 17。

越南

排名第 51

總體表現得分為 72.85 分,其中實現了的 SDGs 為目標 4 及 12。表現較為突出的共有 3 項,分別是目標 1、7 及 13。

阿塞拜疆

排名第 55

總體表現得分為 72.41 分,其中實現了的 SDGs 為目標 1。表現較為突出的共有 3 項,分別是目標 4、7 及 11。

格魯吉亞

排名第 56

總體表現得分為 72.23 分,其中實現了的 SDGs 為目標 4。表現較為突出的共有 4 項,分別是目標 6、7、12 及 16。

中國

排名第 57

總體表現得分為 72.06 分,其中實現了的 SDGs 為目標 1 及 4。表現較為突出的共有 2 項,分別是目標 12 及 13。

亞美尼亞

排名第 58

總體表現得分為 71.79 分,其中實現了的 SDGs 為目標 7。表現較為突出的共有 5 項,分別是目標 1、4、12、13 及 16。

* 國家區域分類參考聯合國統計司的「可持續發展目標報告和數據庫地區分組」[5]

國際間的政策
和推動措施

面對全球日益嚴峻的環境挑戰，世界各國早已關注到氣候變化議題，先後制定和簽署了國際間的《京都議定書》（Kyoto Protocol）及《巴黎協定》。2019 年後，頻繁的自然災害，加上蔓延全球的新冠肺炎疫情，各國加快了共同應對可持續發展挑戰的步伐，相關政策及行動目標亦隨多個國際氣候峰會而推出和實施。[6]

《巴黎協定》（前身為《京都議定書》）

《巴黎協定》於 2015 年 12 月，在巴黎召開的《聯合國氣候變化框架公約》締約方會議上通過，是有史以來第一項具法律約束力和普遍性的全球氣候變化協定。這項協定旨在減少全球溫室氣體排放，將本世紀全球氣溫升幅限制在 2°C 內，並致力尋找把目標進一步收緊至 1.5°C 內的減碳方案。

到目前為止，共有 189 個國家加入《巴黎協定》。這協定標誌著國際攜手合作，共同實踐減排目標的一步。同時亦為各國提供了一個持久的框架和推動減排的氣候行動路線圖。[7]

《京都議定書》出現於《巴黎協定》之前，在 1997 年日本京都召開的第三次締約方會議上通過。《京都議定書》定下的減排目標主要是以 1990 年為減排基準，要求所有發達國家到 2010 年的時候，其排放量要比 1990 年少 5.2%。然而，後續有部分國家退出，影響了《京都議定書》的進程；故此《巴黎協定》的出現，可說是一個十分重要的里程。[8]

可持續發展目標投資者平台

聯合國開發計劃署在 2021 年建立了「可持續發展目標投資者平台」，為可持續發展投資者提供一站式市場資訊，包括關鍵見解、數據和工具等。藉此推動企業參與實踐可持續發展目標，以及促使更多資金流向實現可持續發展目標的項目，填補相關的融資缺口[9]。

歐盟提出一系列可持續發展政策倡議

一直以來，歐盟在推動可持續發展、應對氣候變化方面都走在前列。除早已在 2014 至 2019 年歐盟委員會提出的每項重點工作中涵蓋可持續發展內容外，歐盟委員會更以 2050 實現碳中和為目標，提出「歐洲綠色協議」及其他倡議計劃，包括「歐洲氣候法」、「公平轉型基金」和「可持續歐洲投資計劃」等。[10]

· **《歐盟可持續金融分類授權法案》**（**EU Taxonomy Climate Delegated Act**）

2021 年，歐委會推出了《歐盟可持續金融分類授權法案》。根據這項法案，歐洲的企業和投資者需每年披露他們的活動以及投資項目的可持續發展成分。此外，其可持續發展金融產品亦都需要符合法案中分類方案的定義。

這法案為歐盟的金融市場提供了一套通用、較嚴格的技術準則。讓公眾及持份者能在劃一標準下，較容易識別出具備可持續發展元素的企業及金融產品。預計，這法案能成為有效的框架和基礎，幫助歐盟在 2030 年，達到溫室氣體排放量減少 55% 的目標。[11]

· **歐盟《非財務報告指令》**（**Non-Financial Reporting Directive**）

此外，為加強銀行業在應對氣候變化的角色，歐盟在 2014 年發布了《非財務報告指令》，成為首個有系統地將 ESG 列入法規的法律文件。在這條文要求下，凡在歐洲營運的

大型銀行均需公開其環境和社會影響，如金融產品如何幫助減緩或適應氣候變化等。[12]

中國與歐盟、美國的合作

中國和歐盟，於 2005 年建立了氣候變化夥伴關係。隨後，在建設低碳生態城市、發展可再生能源及建立碳排放權交易體系等方面上推出不少合作計劃。2018 年，中國和歐盟更進一步開拓了藍色夥伴關係，簽署了循環經濟合作以及加強碳排放權交易合作的諒解備忘錄，在共同努力下實踐低碳經濟轉型。[13]

此外，在 2021 年，中國和美國簽署了《中美應對氣候危機聯合聲明》。聲明的主要內容包括，制定各自的實現碳中和目標的長期策略採取適當行動；致力擴大國際融資，支持發展中國家實現綠色低碳轉型；以及分別執行逐步削減氫氟碳化物生產和消費的措施。[14]

這些重要合作關係意味世界最大的三個經濟體，將會為應對氣候變化一同作出更大的貢獻，標誌著全球實現可持續發展目標的重要一步。

第 四 章

中國可持續發展概覽

世界重要經濟體
積極推動可持續發展

「在經濟全球化時代，類似新冠肺炎疫情的突發公共衛生事件絕不會是最後一次，全球公共衛生治理極待加強。地球是人類賴以生存的唯一家園，加大應對氣候變化力度，推動可持續發展，關係人類前途和未來。人類面臨的所有全球性問題，任何一國想單打獨鬥都無法解決，必須開展全球行動、全球應對、全球合作。」[1]

國家主席習近平
2021 世界經濟論壇「達沃斯議程」對話會上的特別致辭

中國作為世界重要經濟體，人口最多的國家，其可持續發展計劃對全球可持續發展成效的影響不可小覷。事實上，中國近年在應對氣候變化方面作出了很大的努力。除了將落實《巴黎協定》和《2030 年可持續發展議程》納入到國家發展戰略外，中國政府還提出了創新、協調、綠色、開放和共享的經濟轉型及城市發展理念，展現出推動可持續發展的決心。

根據國際能源署的數據，1971 至 2018 年間，全球人均二氧化碳排放增幅約 20%，其中 2018 年，全球人均碳排放約 4.4 噸，中國人均二氧化碳排放為 6.8 噸，低於美國、加拿大等國，[2] 但在總體碳排放量方面，過去十年，以中國排放量最高，其次是美國、歐盟 27 國加英國、以及印度。[3]

作為發展中國家的中國，雖然總體碳排放量最高，但近年來，展示出了應對氣候變化的決心，並將綠色低碳轉型付諸行動。世界銀行（World Bank）的數據顯示，中國過去 20 年的累積節能量佔全球總量一半以上。其可再生能源佔全世界可再生能源裝機大約 28%，而 2018 年電動車總銷量則佔全球超過一半的市場。[4] 無論是可再生能源的投資，還是電動車市場的發展，中國都擔任先導者的角色。

不僅如此，國家主席習近平在 2020 年 9 月的聯合國大會上承諾，會採取更加有力的政策和措施，力爭於 2030 年前達到碳峰值，並努力爭取 2060 年前實現碳中和。相對於歐盟和美國分別需要約 60 年和 45 年的時間由碳峰值達到碳中和，中國的 30 年目標絕對是積極進取的。[5]

在這背景下，中國要加快推動「世界工廠」轉型，龐大的資金必不可少。事實上，中國政府已經啟動了 885 億元人民幣的國家綠色發展基金，幫助產業落實轉型升級。[6] 與此同時，中國亦積極促進綠色金融市場的發展。據統計，截至 2020 年 6 月，中國的綠色信貸餘額已逾 11 萬億元人民幣，成為全球之冠，而綠色債券餘額亦達一萬億元人民幣，意味著中國的綠色金融市場規模正逐漸擴大，而它亦擔當了推動全球可持續發展不可或缺的角色。[7]

內地城市的
可持續發展表現

《可持續發展藍皮書：中國可持續發展評價報告（2020）》
就中國在國家、省和大中型城市三個層面的可持續發展表現，
進行了詳細分析和排名。報告顯示，由 2010 年開始，中國的
可持續發展狀況漸漸得到改善。從省級層面來看，前 10 位的
分別是北京、上海、浙江、江蘇、廣東、安徽、湖北、重慶、
山東和河南。而在內地 100 座大中型城市當中，珠海、北京、
深圳及部分東部沿海城市的可持續發展表現較好，珠海更是
連續三年名列榜首的城市。[8]

此評價報告是基於中國可持續發展評價指標體系的框架，從
經濟發展、社會民生、資源環境、消耗排放和環境治理五大
方面評分。部分結果概述如下：

2010 至 2018 年中國可持續發展指數總指標

整體而言，中國的可持續發展總指標由 2010 年的 30.39 上升
至 2018 年的 86.54，升幅接近兩倍。惟在 2011 年，指數曾
出現明顯下降，較前一年下跌 28.17%，然後在其後數年逐步
回升。

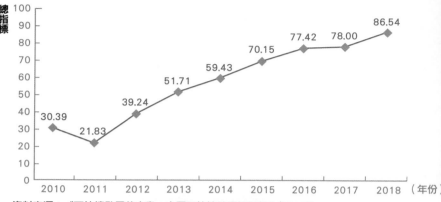

中國可持續發展指數總指標走勢（2010～2018年）

資料來源：《可持續發展藍皮書：中國可持續發展評價報告(2020)》

2011 年指數的下跌可能基於兩個主要因素：除了因為當年出現全國性的乾旱，令水資源和濕地等環境受到嚴重的影響和污染外，亦由於 2011 年前霧霾、氣候變化和生態保育等議題還未得到社會的重視，政府的相關應對措施仍未推行落實，導致資源環境、消耗排放和治理保護三方面的表現變差，令總體指標下跌。

不過，隨著政府越來越多的環境保育政策實施，可持續發展狀況由 2012 年開始漸漸得到改善，並且帶動總指數緩緩上升。

此外，由清華大學和麥肯錫公司（McKinsey & Company）共同創立的城市中國計劃，在其 2016 城市可持續發展指數中

亦指出，根據經濟、社會和環境指標，中國東部地區可持續發展水平平均表現領先全國其他地區，大多集中在東部經濟發達的城市，並呈現由東部沿海向內陸地區遞減的特徵。[9]

2019年各城市的五大範疇發展排名

· 經濟發展

根據《可持續發展藍皮書：中國可持續發展評價報告（2020）》，北京在經濟發展方面，一如既往蟬聯各城市之首；作為經濟特區和綜合配套改革試驗區的深圳，在經濟表現方面同樣也較為突出。而整體來說，東部沿海城市的經濟發展表現較其他城市出眾。

· 社會民生

透過城市排名，可以看到除了珠海和青島外，內陸城市在社會民生方面的表現較好。而且，經濟發展排名較前的城市，它們的社會民生相對稍為遜色。這情況反映經濟發展和社會民生並不同步，當經濟改善時，便有可能會衍生社會間的矛盾和問題。

· 資源環境

中國南部的氣候、水資源和空氣質素等方面普遍較佳，因此不難理解，資源環境排名前列的主要集中在南方的城市。例外的是西藏拉薩，當地人口少而大自然資源豐富，人均水資源和綠化地面積比例因此較多，排名佔全國第一。

· 消耗排放

排名前十位的集中在中國的一、二線城市，如北京、深圳和上海等。這些地方的人口多、經濟活動活躍而資源稀缺，因此擁有較佳的減排意識和技術，亦較著重節約資源和控制污染排放，在消耗排放方面做得相對較好。

· 治理保護

在推動環保措施，例如改善空氣質素、保護自然生態方面，排名前列的主要是常德、惠州、宜賓等環境優美的城市。其次便是空氣質素要求較嚴謹的地方，如石家莊、邯鄲和鄭州等。這些地方為了保留當地的優質環境，投放在工業轉型和環境保護方案的資源和力度相對較大。

聯合國開發計劃署（United Nations Development Programme）在 2016 年亦發布了有關內地城市的可持續發展報告。該報告特別之處在於包含了人類發展指數，評估當地人口在可持續發展進程上的福祉水平，包括人均預期壽命指標、人均受教育年限指標和人均 GDP 指標等。報告顯示，人類發展指數前五名的內地城市是廣州、北京、南京、瀋陽和深圳。[10]

由決心轉化為行動：
中國的可持續發展方案

前文提到，國家主席習近平在 2020 年的聯合國大會上，向世界作出了「30‧60」雙碳目標的宣言。在同年底的氣候雄心峰會（Climate Ambition Summit）上，習主席更提出進一步的承諾：到了 2030 年，中國 GDP 的二氧化碳排放將比2005 年下降 65% 以上，屆時非化石能源佔一次性能源消費的比重將達約 25%，森林蓄積量比 2005 年會增加 60 億立方米，風電、太陽能發電總裝機容量達到 12 億千瓦以上。[11] 這些具體的目標為中國的可持續發展及減碳措施，定下了清晰明確的方向。

2021 年初，全國人民代表大會通過了「十四五規劃和 2035 年遠景目標綱要」。這份綱要列出國家在「十四五」時期的發展理念和重點任務，亦同時涵蓋了上述目標，反映綠色和可持續發展已經成為國家經濟及其他行業的發展主調。[12]

毫無疑問，要實現這些碳中和目標需要大量資金。為此，中國自 2018 年起開展了環保稅制，並如前文提及已於 2020 年啟動了規模達 885 億人民幣的國家綠色發展基金，以協助產業轉型綠色。[13] 而觀乎國際，不論是歐洲或是英國，在制訂可持續發展策略時都尤其重視銀行業的角色。作為「百業之母」的銀行業在邁向中國碳中和目標的過程中，同樣也起著關鍵的作用。[14] 多間主要銀行及金融監管機構近年亦陸陸續續落實不少有關綠色金融的措施，以配合國家的發展。

當中，中國人民銀行在國際綠色金融發展的舞台上，採取了多項積極的行動，引領中國綠色和可持續金融走向國際。當中包括：[15]

· 藉 2016 年中國擔任二十國集團（G20）主席國的良機，把綠色金融引入到 G20 議題，帶頭組成 G20 綠色金融研究小組（現為 G20 可持續金融研究小組），識別綠色金融市場的最新發展和挑戰。[16]

· 與央行和監管機構共同發起成立綠色金融網絡，並發布《金融機構環境風險分析綜述》和《環境風險分析方法案例集》兩份文件，關注氣候變化對全球整體金融穩定和監管的影

響，以及推廣環境風險分析在金融業的應用，以助加強金融體系的風險管理，引導資本流向綠色可持續投資。[17]

· 與歐盟共同開發國際可持續金融平台，加強國際合作，推動雙方通用的綠色金融分類標準。2021 年 4 月 21 日，中國和歐盟於同一日發布了各自綠色金融分類標準的重要更新，分別是《綠色債券支持項目目錄（2021 年版）》和《歐盟可持續金融分類授權法案》，為全球綠色債券市場提供了清晰穩定的框架及靈活的發展空間。[18]

· 與倫敦金融城共同推出「一帶一路」綠色投資準則，推動「一帶一路」沿線國家加快開展綠色低碳發展。

此外，針對日漸蓬勃的綠色信貸及債券市場，中國的金融機構亦分別推出了相關政策來完善綠色金融的發展基礎。例如，中國銀行業監督管理委員會早在 2012 年已制定了全面的《綠色信貸指引》，要求銀行匯報相關的項目和管理資料，確保資金有效地流向低碳綠色項目，並根據披露情況，評估銀行管理可持續發展相關的風險及影響。[19]

內地企業的
可持續發展表現

不論在世界任何一個國家推動可持續發展，企業的參與和投入往往成為實踐過程的關鍵。2020年，聯合國開發計劃署連同普華永道中國和中國國際商會共同進行研究，訪問了近100間在華企業，了解它們對可持續發展目標的理解和推行情況，並提出有效的執行建議。以下是調查發現的部分重點：[20]

可持續發展概念成功傳遞到企業之間

近九成受訪企業表示有留意國家已經簽署了有關可持續發展目標的承諾，並對這些目標有一定程度的認識。而有超過六成受訪企業更曾公開提及企業的可持續發展目標。

應加強企業內外動力 推動目標實踐

目前，大部分企業實踐可持續發展目標的主要動力是來自品牌推廣及市場拓展的需求。然而，消費者、供應鏈和監管機構在推動可持續發展上仍未扮演很明顯的主導角色，以致較難促使企業將可持續發展目標框架納入整體的營運策略中，從而有系統地執行可持續發展。

此外，報告指出多數受訪者認為，政府應提出更有指導性的說明和執行準則，或是增加企業和監管機構的溝通，以便企業們能夠因應自身的發展進度和資源實踐目標。

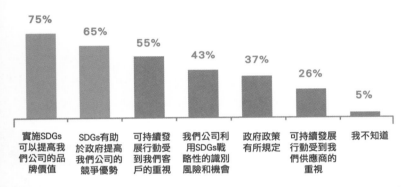

內地企業實踐可持續發展目標的驅動因素

資料來源：《中國企業可持續發展目標實踐調研報告——中國企業與可持續發展基線調研》

不同行業重視的可持續發展目標各異

來自不同市場和性質的企業對可持續發展目標的實踐優先次序各有不同。例如，零售業比較關注消費者和員工權益、就業平等等議題；能源和建築業較著重可持續城市、潔淨水等和城市建設有關的議題；化學工業則較重視環境保護、節約能源和健康安全的問題。至於金融企業，則會優先關注綠色投資及社會服務方面。

企業應提升評估成效的方法

即使企業對可持續發展目標的意識提高了，但在執行層面的監管和評估仍較缺乏。超過 40% 的受訪企業表示並不清楚如何評估可持續發展目標的實踐計劃，另有 33% 沒有將評估納入到行動計劃當中。

需提升企業可持續發展表現的披露工作

逾七成受訪企業表示，有在可持續發展報告或公司年報提及可持續發展目標，並有一半企業認同可持續發展目標對企業發展的重要性。不過，仍有近 40% 的企業表示，雖然了解該目標，卻沒有公開披露他們在可持續目標項目中的參與度，同時逾半企業認為政府組織的監管是推動資料披露的主要動力。由此可見，即使有企業願意實踐可持續發展相關的項目，市場仍需要適當的監管和披露指引作為推動因素。

第 五 章

香港特區的
可持續發展現況

促進可持續發展
的角色

從不同的研究分析可見，可持續發展已經成為中國及世界各地關注的重要課題。香港特別行政區雖然是彈丸之地，但作為一座極具特色的國際大都市，在支持國家及全球的可持續發展上，也扮演著舉足輕重的角色。

香港乃享譽世界的國際金融中心和最自由經濟體之一，不但資金自由流通，而且擁有簡單低稅制、自由貿易和投資體制、與西方接軌的司法制度、高效的金融監管、大量的金融人才，以及具誠信的專業服務優勢，為綠色和可持續金融的發展創造更有利的營商環境，吸引更多綠色項目善用香港的資本市場和專業服務進行融資。[1]

此外，香港因其高密度的建築環境以及頗具規模的綠色建築行業，常作為其它城市發展環保建築的參考對象；同時亦是亞太區貿易的物流運輸及貿易中心、消費領域關鍵的持份者。香港可以積極發揮地區和專業優勢，對區內以至全球的可持續發展，作出重要的貢獻。

另一方面，香港的生態資源富有多樣性，為不同種類的動植物提供棲息和生長。除了政府致力加強生態文明建設外，社會各界和市民大眾也可以貢獻更多力量，保護自然生態環境，支持綠色可持續發展。[2]

發揮金融中心地位 促進綠色可持續經濟

根據可持續銀行網絡（Sustainable Banking Network）提供的數據，要實現全球氣候目標和聯合國「可持續發展目標」，

到 2030 年共需要 70 萬億美元的投入。[3] 面對巨大的綠色投資缺口，國家積極開展氣候行動，推動綠色和可持續金融的發展。香港作爲資本進出中國內地重要的渠道，扮演著區內綠色金融樞紐的角色。香港特區政府亦善用香港的專業優勢，推出一系列舉措，為綠色金融的發展建立基礎。[4]

誠然，香港作為全球國際金融中心之一，一直都是金融服務和金融機構的首選地點。香港除了是亞洲最大的國際基金管理中心和私人財富管理中心、以及全球最大的離岸人民幣業務中心外，亦是亞洲最大債券市場之一，擁有全球最大的 IPO 集資中心的香港交易所，而且在過去 11 年中，有七年在新股集資方面位居全球第一[567]。香港憑藉「背靠內地、面向全球」的先決條件，以及獨特的專業優勢，有助引領市場資金流向環保和社會發展的項目上，推動區內、國家以至全球的綠色可持續產業和經濟發展。

「氣候變化是引發金融風險的因素之一，將對整個金融系統帶來影響，因此與我們的職責息息相關。這個過渡的過程將促使全球經濟產生結構調整，帶來風險和機遇。香港作為領先的國際金融中心，可以在促進可持續發展和推動轉型方面，尤其是在亞洲地區，發揮關鍵作用。我們現在必須共同行動。金管局歡迎在這項跨機構倡議中開展合作的機會。」[8]

綠色和可持續金融跨機構督導小組聯席主席、
香港金融管理局總裁余偉文

雖然香港在綠色金融方面較其他金融城市起步較晚，但發展十分迅速。有國際研究顯示，在 2015 至 2020 年底，於香港發行的綠色債券總額超過 380 億美元，而單單在 2020 年，綠色債券和貸款總額就已達到 120 億美元。而且這些債券的發行機構來自不同國家和地區，其中六成機構來自內地。而產品類型亦很多元化，除了債券和貸款常見的金融工具外，亦涵蓋可持續發展表現掛鉤債券和貸款，以及轉型債券等[9]

2020 年，香港金融管理局和證券及期貨事務監察委員會更共同發起成立「綠色和可持續金融跨機構督導小組」，旨在協調金融業針對氣候和環境風險的措施應對，進一步推動香港邁向區內綠色和可持續發展金融中心。

督導小組更得到政府和金融機構的大力支持。財經事務及庫務局局長許正宇表示，督導小組有助提升跨機構合作，提升

香港的知名度和國際形象，加快綠色和可持續金融的發展。香港交易所主席史美倫亦表示會協助制定綠色和可持續發展的相關政策及計劃，確保香港在這一重要領域保持亞洲及全球領導地位。[10] 香港已具備有利的先決條件，加上政府和各金融機構給予的持續動力，一起推進綠色經濟轉型，相信可為區內及全球的可持續發展作出更大貢獻。

為大灣區綠色建設融資 助力國家碳中和目標

國家在 2019 年發表了《粵港澳大灣區發展規劃綱要》，闡述粵港澳大灣區內現在及將來的合作和可持續發展方向。其中提到的一個基本原則是「綠色發展，保護生態」，並支持香港成為大灣區綠色金融中心，建立國際認可的綠色債券認證機構。[11]

香港品質保證局在 2018 年發表的《中國大灣區可持續融資的發展機遇》報告中已指出，大灣區是國家經濟發展和對外開放的重要平台；香港作為世界領先的金融中心，亦是全球離岸人民幣業務樞紐和國際資產管理中心，一方面在大灣區發展中扮演著「超級聯絡人」的角色；另一方面，可以為

區內的綠色企業和項目，例如清潔交通、水利基建、製造業綠色轉型及生態環境保護等提供融資平台及認證，以綠色金融作為助力，實現國家的碳中和目標。[12]

香港科技大學環境研究所首席發展顧問、前環境局副局長陸恭蕙教授，2021 年亦在一個採討大灣區綠色金融發展的財經沙龍上，指廢物管理、改造城市建築、提升能源和用水效益等，都是每個城市需要做好的事。雖

香港科技大學環境及可持續發展學部首席發展顧問陸恭蕙教授，SBS, 太平紳士，OBE 在香港品質保證局專題研討會 2020 擔任演講嘉賓

然中國有八成城市正致力建設為海綿城市，積極應對氣候環境的變化，不過它們卻缺乏資金支持。她認為香港可與這些內地城市研究合作，提供資金協助它們發展，並建議香港金融界加深認識內地的綠色政策，以支持國家的可持續發展。[13]

密集城市走向環保 推動綠色建築標準

過去，建築對環境的影響在氣候變化議題上經常受到忽視，而事實上它所產生的碳排放不可少覷。以中國為例，每年中國建築部門的二氧化碳排放就已經達到 21.3 億噸，大約佔全國碳排放總量的 20%。因此，把低碳綠色建築設計注入城市發展中，是減碳節能方案中的重要一環。[14]

香港，作為第一個推出綠色建築標準的亞洲城市，房地產高度發展。目前，全港共有大約 42,000 座私人樓宇和 8,000 座

政府建築物，建築物及其相關活動共佔香港超過九成的耗電量。而香港是全球 30 個巨型城市之一，除了擁有獨特的城市規劃和人口管理外，還有極高密度的城市空間特性。[15] 故此，香港在環保建築方面，擁有龐大的可塑空間。

智慧建造，推廣綠色建材、裝配式建築和鋼結構住宅都是國家「十四五」規劃提到的發展方向。香港早在 1996 年已推出綠色建築標準，鼓勵建築業向綠色低碳轉型，在 2010 年後更推出「綠建環評」的認證系統，透過一套全面的準則和評核機制，評估建築物建造和營運等範疇的可持續性。[16] 隨著中國內地對的環保建築的需求不斷上升，香港一方面作為其他城市發展環保建築的參考對象；另一方面，透過綠色金融手段，如利率優惠和按揭貸款等，降低環保建築的建設和改造成本，提升它在普通建築市場的競爭力，從而刺激綠色建築的發展，推動減碳節能。

供應鏈重要持份者 應為環保貢獻力量

此外，香港是亞太區內的主要貿易樞紐之一，也是一個高消費社會，不論商貿交易或食品消耗的數字均十分龐大，往往在全球供應鏈上直接或間接地為環境帶來負面影響，可說是一個相當重要的持份者角色。有見及此，不少學術機構及環保團體，均都致力推動本地社會減少碳足跡，保護生物多樣性，提倡香港發展成為區內最可持續的城市。[17]

香港大學地球科學系近年的研究發現，根據資料顯示，如果將消費行為納入碳排放計算範圍，香港人均排放量於全球高

踞第七位；而本港亦是人均肉類消費量最高的地區之一，當中豬肉和牛肉的每日平均消耗量更是英國人的四倍。[18]

至於香港的人均海鮮消耗量，則在亞洲排名第二，全球排第八，是全球人均食用量三倍多。由於香港的海鮮大多進口自亞太區和世界各地，所以我們的消費模式，往往影響區內以至全球的漁業供應鏈的可持續發展。[19]另一研究亦指出，本港人均生態足印位列全球第十位，全民皆責無旁貸，應從低碳飲食開始，積極為保護環境出一分力。[20]

眾所周知，牛肉的消耗能增加溫室氣體排放，進一步加劇氣候變化的問題；另外，過分濫捕和消耗海洋生物，會破壞海洋生態，令一些海洋生物絕種。因此，一些環保團體如世界自然基金會香港分會，在本地鼓勵可持續發展的消費和飲食模式，參考其《環保海鮮指引》選擇海產，以助減輕對環境的破壞，為保護全球生物多樣性作出更大貢獻。[21]

而就本地的生態環境而言，香港雖然人口稠密，但仍擁有多樣化的自然環境，如海岸線、山脈以及郊野公園，為不同種類的動植物提供棲息地。特區政府一直以可持續的方式管理和保護自然資源，維護生物多樣性[22]，並計劃加強生態保育，收回私人魚塘和濕地作優化，提升米埔與內后海灣濕地的生態功能[23]。如果社會上每一個人、每一個群體都願意為環保貢獻多一分力量，相信本地生態保育的工作，將可以取得更大的果效。

香港可持續發展進程
——與其他城市的比較

《可持續發展藍皮書：中國可持續發展評價報告（2020）》
從經濟發展、社會民生、資源環境、消耗排放和治理保護五
大方面，分析了中國和世界不同城市的可持續發展狀況。為
方便了解香港的可持續發展進程，我們從報告選擇了北京、
深圳、美國紐約、法國巴黎、新加坡、西班牙巴塞羅那和巴
西聖保羅七個城市，與香港作出分析比較。[24]

香港與其他城市的可持續發展現狀比較

可持續指標	香港	北京	深圳	巴黎	新加坡	巴塞羅那	聖保羅
人口（百萬人）	7.45	21.54	13.44	2.14	5.64	1.64	12.18
GDP（大億元）	2400.00	3544.51	2692.71	866.00	2286.00	655.00	1272.00
GDP增長率（%）	3.00	6.70	2.60	1.86	3.10	2.70	2.60
第三產業增加值占GDP比重（%）	93.10	83.09	58.79	87.00	64.39	88.94	76.88
城鎮登記失業率（%）	2.80	1.40	2.30	7.70	2.10	11.10	14.20
人均城市道路面積（平方米/人）	6.17	7.51	26.04	7.45	15.36	12.59	22.50
房價－人均GDP比	0.46	0.28	0.29	0.25	0.19	0.04	0.16
每萬人城市綠地面積（公頃/萬人）	55.44	61.98	215.17	13.19	59.99	17.39	2.60
空氣質量PM2.5年均值（微克/立方米）	20.75	51.00	26.00	15.00	15.00	12.30	16.20
單位GDP水耗（噸/萬元）	5.41	8.55	11.87	1.97	1.99	1.45	6.29
單位GDP能耗（噸標準煤/萬元）	0.13	0.25	0.35	0.04	0.09	0.02	0.15
污水處理廠集中處理率（%）	93.50	96.25	97.16	100.00	93.00	100.00	60.00
生活垃圾無害化處理率（%）	100.00	100.00	100.00	100.00	100.00	100.00	97.80

資料來源：《可持續發展藍皮書：中國可持續發展評價報告(2020)》

經濟發展

以美元作為單位，2019 年香港的 GDP 大約是 3660.2 億元，與新加坡的 3743.9 億元相近，同時遠超巴黎、巴塞羅那和聖保羅。然而，紐約的 GDP 大約是 14906.8 億元，是香港的 4 倍。[25] 至於平均增長率方面，香港（3%）低於北京的 6.7%，多於紐約的 2.7%、及深圳的 2.6%，但稍稍低於新加坡的 3.1%。

同年，香港的第三大產業，即運輸、金融、地產和其他服務性行業等，其增加值佔 GDP 的 93.1%，高於其餘五個城市。而香港的失業率為 2.8%，高過北京的 1.4%，與新加坡（2.1%）及深圳相近（2.3%），較其他城市低。

社會民生

香港仍是世界上人口密度最高的城市之一。在 2019 年，香港的總人口達 745 萬，但土地卻供不應求，人均城市道路面積只有 6.17 平方米／人，明顯地少於紐約（22.95 平方米）和聖保羅（22.5 平方米）。土地的不足亦造成房價高企問題。至 2018 年，香港已經成為連續第八年全球房價最難負擔的城市。

值得一提的是，雖然新加坡人口密度不下於香港，但當地的城市規劃和公共交通發展有效地舒緩了擠擁的問題。直至 2015 年，新加坡營運的交通軌道和路線已達 183 千米，當中地鐵佔超過八成。

資源環境

2019 年香港的綠地面積比例是每一萬人 55.44 公頃，跟新加坡（59.99 公頃 / 萬人）及北京（61.98 公頃 / 萬人）相約，而最少的是聖保羅，僅 2.6 公頃 / 萬人。至於香港 PM2.5 的年平均值則是 20.75 微克 / 立方米，優於北京（51.00 微克 / 立方米）及深圳（26 微克 / 立方米），但在其他國際城市中表現較為遜色；紐約和巴塞羅那空氣質素最好，PM2.5 年平均值分別是 9.5 和 12.3 微克 / 立方米。

紐約和巴塞羅那的空氣質素有賴當地政府多年來的政策規管。前者曾是全美空氣和水質最污染的城市，及後得到聯邦政府完善法規例如，規範垃圾焚燒、控制化石燃料發電及含鉛汽油的使用；後者被視為生活質量的國際基準，近年亦推

行了空氣質素改善計劃，優化公共交通工具、城市河港綠化和鼓勵汽車共享等，大大提升城市空氣質素。

消耗排放

根據記錄，2019 年香港的每萬元 GDP 耗水量和能源消耗量分別為 5.41 噸和 0.13 噸煤，優於深圳、北京及聖保羅。香港特區政府在過去十年投放了超過 470 億港元推行各項減排減廢的措施，使得在 2014 年達到人均 6.2 噸的碳排放峰值，隨後在 2018 年，下降至 5.4 噸。[26]

然而，在這七個城市中，巴塞羅那的耗水量和能源消耗量均是相當之低。除了歸因於當地在 21 世紀初，已開始著手提高公民的節水節能意識外，巴塞羅那近十年推行的能源改進計劃，亦是令當地能源消耗量偏低的主要原因之一。該計劃利用智能科技減少耗電，例如採用精細的房屋保溫調控系統、建立城市空調網絡以及改善公共照明等措施。

治理保護

在垃圾處理方面，香港 2019 年的生活垃圾無害化處理率與新加坡、紐約、巴黎、巴塞羅那、北京及深圳一樣，達到 100%，而聖保羅為 97.8%。

2019 年，香港的污水處理率是 93.5%，與新加坡相約。但與其他城市相比，仍有距離，紐約、巴黎和巴塞羅那的污水處理率均達到 100%。紐約運用「雨污混合溢流」的地下水道設

計，將處理廠多餘的污水和雨水排放至城市水道中，以解決水災和污染的問題。而巴黎在 60 年代初曾是水污染十分嚴重的地方，及後亦得到當地政府完善地下水道網絡和水箱系統。隨著氣候變化令極端天氣變得日漸頻繁，香港亦可參考其他城市的做法，提升污水處理的效果。

通過上述報告的數據顯示，香港的經濟發展較有優勢，治理保護表現與其他城市相約。但就社會民生、資源環境和消耗排放方面而言，雖然特區政府過去推出了不少措施，令本地污染排放和耗電等方面在十年間有顯著的進步，但相比起其他城市，仍然較為遜色。類似的分析結果，亦反映在 2018 年的「全球可持續發展城市指數」上。[27]

作為亞洲及大灣區的國際金融城市，香港在可持續發展方面發揮著重要的作用。透過比較和分析，香港可以參考其他城市的優秀之處，從而提升本地可持續發展潛力。

特區政府和監管機構政策措施

在全球倡議可持續發展的趨勢下，香港特區政府及各監管機構過去多年來落實不少措施，以提升香港可持續發展的潛力。譬如在 2003 年設立了可持續發展委員會，負責推動香港的可持續發展，增加市民大眾對可持續發展的認識 [28]；在可持續發展委員會的推動之下，香港環境保護署 2014 年啟動了香港上市公司碳足跡資料庫，促使上市公司披露他們的溫室氣體排放量和碳強度，並提供平台，分享減碳經驗 [29]；於 2015 年公布《香港都市節能藍圖 2015~2025+》，訂下 2025 年減少 40% 能源強度的目標 [30]；以及一些已見具體成效的方案，如政府在 2003 年推行的政府建築物節能計劃，截至 2018 年該計劃已幫助節省逾 20% 的耗電量。[31]

落實減碳 爭取碳中和

此外，為了趕上世界的步伐，並且配合國家的 2060 碳中和目標，特區政府在 2020 及 2021 年的施政報告表示會致力爭取 2050 年達到碳中和 [32]，表明成立新的氣候變化與碳中和辦公室，並提出更積極主動的減碳策略 [33]。近日，政府亦在更新版的《香港氣候行動藍圖 2050》上具體講述「淨零發電」、

「節能綠建」、「綠色運輸」和「全民減廢」四大減碳策略和措施：[34]

· **淨零發電**：2035 年或之前不再使用煤作日常發電，增加可再生能源在發電燃料組合中的比例至 7.5%-10%，往後提升至 15%；並試驗使用新能源和加強與鄰近區域合作，以達至 2050 年前淨零發電的目標。

· **節能綠建**：目標是在 2050 年或之前，商業樓宇用電量較 2015 年減少三至四成，以及住宅樓宇用電量減少兩至三成；並在 2035 年或之前能達到以上目標的一半。

· **綠色運輸**：推動車輛和渡輪電動化、發展新能源交通工具及改善交通管理措施；在 2035 或之前停止新登記燃油和混合動力私家車，計劃在未來三年內，試行氫燃料電池巴士及重型車輛。

· **全民減廢**：在 2035 年或之前發展足夠的轉廢為能設施，以擺脫依賴堆填區處理生活垃圾；亦會加強推動減廢回收，預計在 2023 年落實垃圾收費及 2025 年起分階段管制即棄塑膠餐具。

監管機構攜手 推進企業可持續發展

在推動企業可持續發展方面，香港的金融監管機構近年亦加強了有關於企業的社會責任和 ESG 政策。

例如，香港交易所於 2019 年刊發《檢討〈環境、社會及管治報告指引〉及相關〈上市規則〉條文》的諮詢文件，要求發行人編備的 ESG 報告必須載有董事會對 ESG 事宜的考量的聲明，並且須披露「重要性」、「量化」及「一致性」匯報原則的應用情況。[35] 同時，推出了網上培訓課程，向香港發行人及其董事會灌輸有關 ESG 的管理知識和正確態度。這些措施從而提升企業 ESG 的管理架構和匯報水平。

在推動本港綠色及可持續的銀行業發展方面，香港金融管理局公布《綠色及可持續銀行業白皮書》並邀請多間大型銀行參與相關壓力測試的試驗計劃，以減低氣候變化對銀行業務的潛在風險，提升銀行業量度及管理氣候風險的能力。[36]

另外，為了支持 ESG 原則，金管局和強制性公積金計劃管理局亦分別在投資方面提出了革新的方向和措施。前者作為外匯基金的投資管理人，以負責任的原則進行投資，並將 ESG 納入投資項目內。後者則建議強積金受託人和投資經理在投資時，多考慮國際 ESG 標準，並適當地將綠色債券加入強積金的投資組合內。[37]

多項行動措施 發展綠色可持續金融

如前文提及，《粵港澳大灣區發展規劃綱要》支持香港發揮其獨有特質和優勢，發展成為區內領先的綠色金融中心，以及建立國際認可的綠色債券認證機構。特區政府推動綠色和可持續金融的政策措施，近年亦陸續展開，如推出相關的資助計劃、政府綠色債券計劃及跨機構合作等[38]。

2019 年，特區政府更簽署了綠色債券宣言，成為亞洲首個簽署該宣言的單位，以行動表現推動綠色金融的決心。[39] 其他具體措施還包括在 2021 年 5 月推出「綠色和可持續金融資助計劃」，資助合資格的債券發行人和借款人的發債及外部評審服務支出[40]；修訂合資格債務票據計劃，減輕債券投資者的稅務負擔[41]；以及計劃發行 1,755 億港元等值的綠色債券及零售債券，讓普羅大眾都能參與其中。[42]

香港品質保證局亦一直緊貼香港的金融及可持續發展步伐，2018 年在特區政府的推動和支持下，推出「綠色金融認證計劃」，2021 年 5 月再配合政府政策及市場需要，進一步推出「綠色和可持續金融認證計劃」。截至 2021 年 9 月 28 日，獲證的綠色和可持續金融發行總額已超過 310 億美元，發行者來自銀行、地產界、公用事業、能源、製造等行業，而獲證個案亦包括香港特區政府發行的綠色債券。

此外，香港證券及期貨事務監察委員會繼 2018 年發表《綠色金融策略框架》，以及 2020 年 5 月發起成立綠色和可持續金

融跨機構督導小組後，亦於同年 12 月發布香港的綠色和可持續金融的策略計劃，以支持政府的氣候策略，推動香港發展成為綠色金融樞紐。[43] 2021 年 7 月，督導小組宣布下一階段工作重點，將推動氣候相關披露和可持續匯報、碳市場機遇以及新成立的綠色和可持續金融中心。[44]

同時，香港交易所與其他金融監管機構亦打算合作制定綠色及可持續發展計劃，助力提升香港綠色金融市場地位。該計劃包括研究與全球標準一致的氣候相關資訊披露及分類法、在大灣區發展碳市場，以及促進上市公司在 ESG 的工作，支持區內金融市場產品發展。[45]

財經事務及庫務局局長分享

綠色和可持續金融生態系統的發展，單靠政府或公營部門是不足夠的，亦有賴私營界別的通力合作；而認證和標準十分重要，可以確保大家依循一致的綠色規範。香港品質保證局在這方面扮演舉足輕重的角色，參考了多個具廣泛認受性的國際及國家綠色金融標準，做了出色的工作，為香港制定了綠色債券、綠色貸款、綠色基金及 ESG 基金的標準，為這個生態系統的長足發展奠定很好的基礎。[46]

香港特別行政區政府
財經事務及庫務局局長
許正宇，太平紳士

環境局局長分享

推進綠色金融產品如綠色債券項目的發展，我們需要專業知識
開發綠色認證服務。我很高興看到香港品質保證局制定「綠色
金融認證計劃」，環境保護署代表亦於 2017 年獲邀參與其相
關的技術委員會，一起制定此計劃，為香港及區內作出貢獻。
香港將更新氣候行動藍圖，邁向至 2050 年更深度減碳目標，
我們包括金融業在內，需加強合作，保護我們的共同未來。[47]

香港特別行政區政府
環境局局長
黃錦星，GBS，太平紳士

機構分享：

中國工商銀行股份有限公司香港分行

香港品質保證局「香港可持續發展金融大獎 2020」
傑出綠色債券發行機構——最大規模單一綠色債券（銀行業）

中國工商銀行始終堅持以綠色金融促進實體經濟發展的經營宗旨，將綠色發展深植於企業文化建設，將綠色運營貫穿於全行各業務條線，堅持履行經濟責任與社會責任，致力於經濟效益、社會效益和生態效益的有機統一。

「粵港澳大灣區」主題綠色債券 為區域注入可持續發展動能

2019 年，中國工商銀行成功完成 31.5 億美元等值多幣種和多品種「粵港澳大灣區」主題綠色債券的發行定價，包括三年期 10 億美元浮息債券、三年期 5 億美元固息債券、五年期 10 億美元浮息債券、兩年期 40 億港幣固息債券及一年期 10 億人民幣固息債券，是中國工商銀行首次以「粵港澳大灣區」主題發行的境外綠色債券，也是中資機構最大規模境外綠色債券。

此次綠色債券獲香港品質保證局頒發「綠色金融發行前階段證書」。該債券募集資金主要投放於中國工商銀行在粵港澳大灣區內的清潔交通和可再生能源類的合格綠色資產，體現了中國工商銀行對粵港澳大灣區建設的積極支持，以及對綠色金融及可持續發展戰略的堅定承諾。

此次發行引起了市場的關注，吸引來自澳洲、韓國、泰國、馬來西亞、中東、英國及德國等地區的優質投資者的踴躍認購，而投資者類型囊括主權基金、央行、類主權基金、保險及眾多綠色投資者。

機構分享：

麗新發展有限公司

香港品質保證局「香港可持續發展金融大獎 2020」
傑出綠色貸款發行機構——最大規模單一綠色貸款（酒店發展行業）

麗新發展有限公司是麗新集團成員之一，公司業務多元化，主要業務包括物業投資、物業發展、酒店及餐廳之投資及營運等領域。同時，亦致力維持業務發展與營運的環境影響之間的平衡，努力管理排放物、能源及水消耗、廢物管理及資源使用表現，矢志將集團對環境的潛在負面影響降至最低。

綠色建築發展及營運

於 2019 年 9 月，集團與 18 間頂尖銀行簽署的 36 億港元 4 年期有抵押定期貸款融資（綠色融資），以向綠色酒店項目香港海洋公園萬豪酒店（該酒店）提供資金。此筆綠色貸款獲香港品質保證局頒發「綠色金融認證計劃」（發行前階段）證書，並於香港品質保證局舉辦之「香港可持續發展金融大獎 2020」中榮獲「傑出綠色貸款發行機構——最大規模單一綠色貸款（酒店發展行業）」獎項。

自 2014 年 7 月項目開發以來，香港海洋公園萬豪酒店於 2016 年 4 月獲香港綠色建築議會綠建環評暫定評估（新建建築）（1.2 版）「金級」認證，其後於 2020 年 6 月的綠建環評最終評估中獲得「最終金級」評級。該評級乃基於以下六大指標所

得適用總分數而評出：「用地與室外環境」、「用材管理」、「用水」、「能源使用」、「室內環境質素」及「創新」。香港海洋公園萬豪酒店採用可持續的樓宇設計及工藝，成功回收利用逾 80% 的拆卸廢物及逾 30% 的建築廢物。除實現逾 32% 的能耗節約外，該酒店亦利用雨水收集技術為綠化區域提供逾 50% 的灌溉用水。

本港公營機構亦採取措施，積極實踐綠色和可持續發展理念，將可持續發展融入日常營運當中。中華電力致力投資可再生能源及零碳能源發電，專注於增加可再生能源和核能的比重，將碳強度由 2010 年的每度電 0.80 千克二氧化碳降至 2020 年的每度電 0.57 千克二氧化碳，減幅為 8%。[48] 港燈電力投資亦採取多項減碳措施，逐步落實「由煤轉氣」發電。在 2020 年，約 50% 的輸出電量來自天然氣發電，二氧化碳排放量較 2019 年減少約 16%，每度電的二氧化碳當量約為 0.71 千克。[49]

另外，香港中華煤氣有限公司發行了 7.34 億港元綠色債券，繼續支持四大轉廢為能項目。它們亦把香港煤氣生產的碳強度減低，比 2005 年下降了 25%，並通過舊爐具回收計劃，成功回收逾 1,600 噸金屬。[50]

公共運輸方面，香港鐵路有限公司除了在 2020 年發行總值 12 億美元的 10 年期綠色債券，用作投資節約能源、保護環境、提升及拓展低碳鐵路服務等項目之外；亦促進社會共融，僱用 571 名殘疾人士，並於 23 個轉綫車站設有哺乳間及／或育嬰間。[51]

香港機場管理局則與各業務夥伴緊密合作，加強香港國際機場減碳的成果，於 2010 年至 2015 年，與超過 40 家業務夥伴合力將整個機場每工作量單位的碳排放量，從 2008 年基準水平減少 25.6%。[52] 這些機構都致力在不同層面為環境及社會作出貢獻，齊心創造一個共融及可持續的未來。

香港企業的可持續發展表現

除政府、監管機構及金融機構以外,近年不少企業都致力為可持續發展作出貢獻。「恒生可持續發展指數」作為衡量香港上市公司可持續發展表現的基準,有助投資者和社會大眾更易了解香港企業的可持續發展表現。該指數在嚴謹的成分股挑選程序中,參考香港品質保證局可持續發展評級框架,對符合條件的公司進行可持續發展評級。[53]

香港品質保證局可持續發展評級及研究

香港品質保證局可持續發展評級與研究的目標,是根據並參考《ISO 26000 社會責任指南》、《全球報告倡議》及香港交易所《環境、社會及管治報告指引》等準則,對公司與可持續發展相關的系統成熟度與風險進行評級。香港品質保證局採用以事實為基礎的評分方法,對公司管理其可持續發展表現和風險的能力進行評級。為了以客觀的方式進行評分,評估人員會根據可用的實施證據,確定系統的管理成熟度與相關風險水準。

2020 年，香港品質保證局審閱了 1,724 間具有被納入「恒生可持續發展企業指數系列」候選資格的上市公司之可持續發展表現，其中包括 482 間香港上市公司（包括在香港及內地上市的公司，被列為港股公司）及 1,242 間內地 A 股上市公司。[54]

香港品質保證局於 2014 年開始為「恒生可持續發展企業指數系列」就公司的可持續發展表現提供評級服務

2020 年評級及研究結果回顧

香港品質保證局透過查考這些上市公司的可持續發展及社會責任報告（包括獨立和綜合報告）、公司網站和本地及國際媒體的相關報導；並審閱年報以了解其遵從合規規管的情況和財務數據，從而對其可持續發展表現作出全面的評估。除了整體表現外，評估亦根據行業表現和可持續發展七大核心指標進行評分。

· 整體表現

一如以往，港股公司的可持續發展表現普遍較內地 A 股公司為佳。港股公司在 AAA（最高）至 D（最低）的評級中，最高分數為 AAA（共有 2 間公司），而內地公司最高分數為 A+（共有 2 間公司）。整體而言，82.6% 的港股公司和 9.3% 的內地 A 股公司達到滿意的 A- 或以上評級。而 2019 年，則有 82.4% 的港股公司和 12.9% 的內地 A 股公司達到相同水平。由此可見，港股公司兩年內的可持續發展表現保持穩定，而內地 A 股公司的表現下跌。其中一個影響內地 A 股公司評分的因素是，被評估的公司數目由 2019 年的 1,133 間增加到至 2020 年的 1,242 間，令整體評分減少。

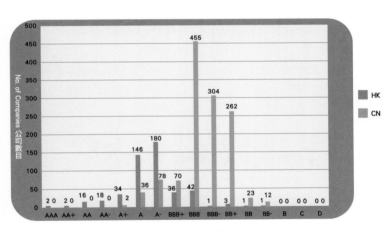

整體市場表現

此外，1,724 間被評審的上市公司平均分比 2019 年下跌了 4.8%，這主要歸因於 2020 年更新了的風險因素評分，可能對某些行業產生較大影響。

· **行業表現水平**

如前所述，風險因素的更新會對某些行業產生很大程度的影響。因此，除電訊業和公用事業比去年有更好表現外，各行業的整體平均分數均呈下降；而醫療保健業的表現與其它行業相比則較為遜色。電訊業的平均分數在各行業當中最高。

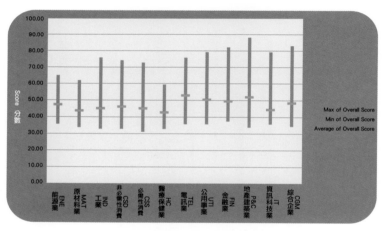

2020年行業平均分

‧核心指標表現

所有具候選資格的上市公司是根據七個核心指標評分，包括公司管治（CG）、人權（HR）、勞動實務（LP）、環境（Env）、公平營運實務（FOP）、消費者議題（CI）以及社區參與和發展（CID）。

在七個核心指標評分當中，所有公司在勞動實務方面的表現最佳；而指數系列成份股公司和非成份股公司在環境以及社區參與和發展的差距最大。

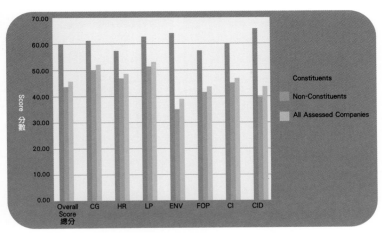

獲評級公司的核心指標分數比較

恒生可持續發展企業指數系列[55]

恒生可持續發展企業指數系列為企業可持續發展投資提供了一項客觀、可靠及具高投資性的基準。此系列包括五個指數，分別是：

交易系列

· 恒生可持續發展企業指數（"HSSUS"）
· 恒生 A 股可持續發展企業指數（"HSCASUS"）
· 恒生內地及香港可持續發展企業指數（"HSMHSUS"）

基準系列

· 恒生可持續發展企業基準指數（"HSSUSB"）
· 恒生 A 股可持續發展企業基準指數（"HSCASUSB"）

恒生可持續發展企業指數及基準指數包括在企業可持續發展表現最卓越的香港上市公司；而恒生 A 股可持續發展企業指數及基準指數則包括在企業可持續發展表現最卓越的內地上市公司。最後，恒生內地及香港可持續發展企業指數為一項跨市場指數，涵蓋香港及內地企業可持續發展的領導者。

成份股挑選程序嚴謹，過程中參考由獨立的專業評審機構香港品質保證局按照其設計之可持續發展評級框架而進行的可持續發展評級結果。此舉令恒生可持續發展企業指數系列達致客觀、可靠及具高投資性，為企業可持續發展主題之指數基金提供一系列優質基準。

另外，香港樂施會亦於 2018 年就兩岸三地 4 間交易所共 150 間上市公司參與推動可持續發展目標的狀況發表研究結果，顯示香港企業最多參與的目標是目標 7（可負擔的清潔能源）、目標 8（體面工作和經濟增長）、目標 9（工業、創新和基礎設施）、目標 12（負責任的消費和生產），其次為目標 6（清潔食水和衛生設施）、目標 5（性別平等）；至於目標 1（消除貧窮）、2（零飢餓）、10（減少不平等）及 14（水下生物）等方面仍有進步空間。[56]

無論是香港還是區內的企業，雖然其表現仍有改善之處，但從近年這些研究及評級報告看到，它們整體的可持續發展意識逐步提升，並願意在公司運營中融入更多的可持續發展理念，為社會整體的發展作出貢獻。

機構分享：

維達國際控股有限公司

香港品質保證局「香港可持續發展金融大獎 2020」
傑出綠色貸款發行機構 —— 最大規模單一綠色貸款（快速消費品行業）

創建於 1985 年，維達國際控股有限公司作為亞洲具規模的衛
生用品企業，致力履行企業的社會責任，將「可持續發展」視
為核心原則之一，不斷提高保護環境的能力，實現經濟效益和
環境保護的雙贏。

減少碳足跡 實現綠色生產

秉持「可持續發展」的原則，維達在生產的各個環節中致力於
減少碳足跡。在中國，維達每噸紙平均綜合能耗從 2019 年的
0.33（噸標準煤）降至 2020 年的 0.32（噸標準煤），遠低於
國家標準上限 0.42。水循環利用率保持在 95% 以上。木漿是
生活用紙、個人護理用品的主要原料，在 2020 年維達採購的
木漿 100% 通過森林管理體系認證（FSC/PEFC/CFCC）。

得益於在環境保護方面的不懈努力，維達榮獲「2020 年財資
環境、社會及管治（ESG）企業大獎 —— 金獎」。

借力綠色融資 推動可持續發展

2019 年年底，維達符合香港品質保證局綠色金融認證計劃設
定的嚴格標準，獲香港品質保證局頒發「綠色金融認證發行前

證書」，並獲中國建設銀行（亞洲）批出三億港元的綠色貸款，以表彰集團推動綠色營運所作的努力，成為香港首間籌集綠色貸款的快速消費品企業。貸款用於合資格的綠色項目，包括加強能源效益、污染防治、資源節約及循環再用等，從而提升整體競爭優勢和業務表現，達至可持續發展的長遠目標。

回饋社會 步履不停

新冠疫情爆發以來，維達發揮自身產品優勢，捐贈逾百萬件衛生用品。在香港，維達向多間老人院舍捐贈紙巾、濕巾和口罩。在中國內地，攜手滴滴出行向乘客提供逾十萬片手帕紙及濕巾，向多地醫院和中國疾控中心共捐贈逾兩百萬片濕巾，並捐贈逾一千七百箱女性護理產品以支持前線女性醫護人員的工作。同時，維達亦向台灣及馬來西亞捐贈衛生用品以支持當地抗疫工作。

維達未來仍將持續提升可持續發展的表現，積極履行企業社會責任，成為「綠色生活用紙及個人護理用品企業」的先行者。

機構分享：

協興工程有限公司

香港品質保證局「社會責任進階指數」之參與機構

協興建築有限公司作為香港主要的建築公司之一，致力提供專業的建築服務，為本港的發展和經濟作出貢獻，同時為港人締造更美好的生活環境。協興不但十分重視員工及工友的健康及安全，願意投放大量資源保障他們，亦視環境保護為企業文化及決策過程中不可或缺的一環，承諾在業務營運中實踐出企業社會責任。

關顧員工

協興致力提供切合員工需要及期望的福利措施。在薪酬及福利待遇方面，特別強調員工福祉、家庭友善文化，及公司與員工的和諧關係。具體而言，協興提供具吸引力的回報及獎勵、額外的有薪假期、工地員工彈性上班時間安排、教育資助計劃及專業人員會藉費退款計劃，以及助員工取得工作與生活平衡的多元化的康樂活動。

安全與健康

協興時刻保障員工及工友的健康及安全，致力把相關的風險管理方針融入工程規劃、設計及建築過程中。協興的職業健康及安全管理制度及政策，符合職業健康安全管理體系 ISO 45001 和工廠及工業經營（安全管理）規例的要求。為全面推廣職業

健康及安全，協興籌辦適切的職安健訓練課程，並要求所有工地人員必須參與，以剔除安全風險和提升安全表現；同時推行了多項保健計劃，包括「流動驗耳車服務」和「自動體外去顫器使用課程」等，藉此鼓勵健康生活。

環境保護

協興推行多個環境及能源管理系統，制定出適切的環保政策、指引及目標。例如，持續擴大企業的環保專業團隊（包括擁有 BEAM Pro、LEED AP/GA 資格的人才）；透過節能及廢物回收，減少碳足印；大力推廣低碳產品及措施。協興亦把環保理念融入採購，打造綠色供應鏈。另外，協興藉著具透明度的環保指標量度及匯報機制，進一步提升業務的可持續性。2020年，協興實現 95% 拆建廢料與其它建築項目重用或回收，節省 38.3% 的燃油消耗量強度以及減少 15.2% 的碳排放強度。

關愛社群

協興積極透過各式各樣的社區活動，服務社會上的弱勢社群。企業義工隊協興 —— 惠保義工隊自 2001 年成立以來，主要支援獨居長者及基層家庭。協興不但鼓勵員工投身義務工作，亦歡迎退休員工、員工親屬、分判商一起共襄善舉。

第六章

香港企業如何有效提升
可持續發展表現？

整全社會責任策略促進可持續發展

如前文提及，社會責任及 ESG 有助於企業響應並實踐可持續發展目標。本章節將借鏡一些權威文獻、研究報告、案例分析以及國際廣受認同的管理框架，分享如何善用這些研究結果和管理工具，協助企業以系統化模式實踐社會責任，從而全面提升可持續發展表現。

聯合國開發計劃署的報告指出，企業必須管理好策略制定、公司治理、指標評估，以及報告披露四個範疇，才能切實地透過實踐社會責任去發揮可持續發展的影響力。[1] 接下來，我們將會探討企業可如何運用良好的管理工具來達到以上目的。

制定全面策略 融入企業價值觀

可持續發展可從多方面影響企業，因此企業在制定策略時，需要作完整全面的考量。除了應適時調整企業的業務和策略目標，以配合全球化趨勢外，企業亦應梳理和訂定實踐可持續發展目標的優先次序，制定一套能契合企業未來路向的社會責任策略。

在制定社會責任策略時，企業應讓他們的社會和環境活動與公司本身的商業目的和價值觀接軌，同時，透過有系統的流程，使社會責任策略保持嚴肅和一致性。[2] 關於這個概念，波士頓諮詢公司（BCG）的報告提出了類似看法，指企業不應將社會責任活動視為一個邊緣的課題。相反，應將其融入到企業的策略和價值觀中，運用總體社會影響力的新角度建構企業策略。並且圍繞公司的核心業務，創造能產生社會效益的方案。長遠而言，可以為公司發展帶來新機遇，帶動股東總回報的增長，以及在多變的市場競爭中維持企業成長（見下圖）。[3]

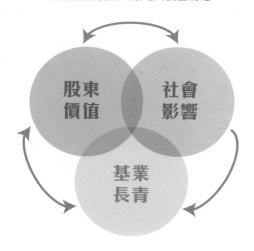

將社會影響融入策略及價值創造

股東價值

社會影響

基業長青

保持社會責任策略一致性

一致的社會責任策略能使企業在實踐計劃的過程更加連貫集中。要達到這個目的，其中很重要的條件是企業能夠有效地協調不同的社會責任活動。當中包含整理同一社會責任類別內的不同計劃，淘汰一些與重要社會議題不匹配的活動；以及協調不同社會責任類別的計劃，令各項計劃彼此強化，達到公司的商業目的與價值觀。（有關社會責任活動分類，以及協調不同類別活動之現例，可參閱後頁〈專題分析三：哈佛商學院如何將社會責任活動分類？〉。）

· 協調同一類別內的計劃

將同一類別但欠缺協調的社會責任計劃放在一起，是企業常見的不足。因此，企業應審視同一社會責任類別內的計劃與

商業目的是否互相協調，否則必須刪減或淘汰那些未能處理當前社會或環境重要議題的活動，以配合企業的商業目的、價值觀和身分認同。[4] 例如，對於餐飲業來說，同樣是慈善捐贈類別的社會責任活動，向供應鏈夥伴收集過剩食物，贈送給福利機構，就會比員工捐血活動更配合公司商業形象。

・協調不同類別的計劃

將不同類別的計劃調和融合，可以形成具一致性的活動組合，組合內的活動應相輔相成，並契合企業的商業目的、企業持份者的價值觀，以及企業營運所在社區的需求。

專題分析三

哈佛商學院如何將社會責任活動分類？

要令整個企業的社會責任計劃保持一致性，首要的一步是妥善整理和查核現有的行動方案。美國哈佛商學院（Harvard Business School）進行了一項研究，配合過往與企業接觸的經驗，按照計劃的活動性質將企業的社會責任活動分成三大類。這個分類原則，對企業區分他們的行動方案具有不少參考價值。[5]

類別一：專做慈善

這類活動不是以賺錢或直接增加公司業績為前題，活動通常包括捐助慈善或非牟利團體、參與社區活動和義工服務等。

類別二：改善營運效能

這類活動是在企業現有的商業模式中加入或改變部分元素，從而帶來社會或環境益處。一般而言，這類計劃同時有助企業發展更佳的價值鏈，因此能提升企業的效能和效率。屬於這類活動的例子包括：透過提高員工的福利和改善工作環境，增加公司聲譽及提升生產力；及採用減少資源耗用和浪費的方案，以降低公司成本。

類別三：改造商業模式

這類活動是企業透過開發新的商業形式，解決社會或環境問題。當這些商業形式能夠創造出社會或環境成效，企業的績效便會隨之而改善。

印度聯合利華公司（Hindustan Unilever）的「授權專案」（Project Shakti）便是一個很好的案例。印度聯合利華一向是採用批發商對零售商的經銷模式，但針對印度的鄉村地區卻採用了另一種形式：招募當地的婦女，讓她們能申請小額貸款，並訓練她們在這些鄉村售賣清潔產品。這嶄新的商業形式使當地 65,000 名婦女成為創業家，一方面增加她們的家庭收入、改善了鄉郊地區的公共衛生，同時大大提升了印度聯合利華的業績。在 2012 年，「授權專案」更創造出超過一億美元的銷售額。

協調不同類別社會責任活動之實例

瑞士大型綜合集團霍爾希姆（Holcim），其印度子公司恩布札水泥（Ambuja Cements）進行的社會責任計劃也是一個可供香港企業參考的跨類別協調案例。

恩布札的計劃起初主要是涵蓋社會福利計劃、教育和環境保護計劃等類別一（專做慈善）的活動。其後，他們將計劃擴展至類別二（改善營運效能），包括引進改善企業工廠的水資源管理項目，以及推行各種增加使用替代燃料的活動。其中，恩布札最初只向農民提供有關生產力的教育，在計劃擴展後，教育延伸至教導農民回收農作物廢料，然後由恩布札自身買回這些物料作為替代燃料。而此例子正正就是透過類別二（改善營運效能），使用替代燃料的活動強化類別一（專做慈善），教育計劃的活動。[6]

爭取領導層的參與和支持

· 領導層支持是關鍵要素

要成功實踐社會責任，提升可持續發展表現，企業上下共同
合作和參與是非常重要的。雖然實際執行時，大多從底層或
中層管理人員開始；但如果沒有高層管理人員的全力支持，
是無法取得持久而深層績效的。因此，無論參與度高或低，
只要企業領導層願意作出承諾，便等同踏出了履行社會責任
的重要一步。

社會責任所關注的，恰恰是企業的決策及日常運作，如何對
社會和環境帶來實質及潛在的影響；牽涉範圍可能遍及產品
安全、職業健康與安全、員工培訓和發展，以及保護環境等。
企業要成功付諸實行，必須有完整的計劃，並建立與企業核
心價值、使命和目標互相配合的策略，將社會責任及可持續
發展融合成為企業營運的一部分。

· 選定社會責任的協調人

很多時候，社會責任計劃是由公司內不同部門的經理推動和
落實的，因此通常缺乏協調性。然而，若企業希望社會責任
活動能真正發揮影響力，必須要制定一致性的策略，而這項
任務應當由領導層和董事會負責。[7]

· 董事會加強參與

此外，一套有效的可持續發展計劃應由董事會主導，然後將理念延伸及融合到企業策略和業務運作當中。有見及此，香港聯合交易所為了加強企業董事會在 ESG 的領導角色，在 2020 年對《環境、社會及管治報告指引》及相關《上市規則》條文進行修定，要求香港上市公司董事會須參與 ESG 的事宜，而且需要企業在 ESG 報告中披露董事會發出的聲明。聲明的涉及內容如下：

- 披露董事會對環境、社會及管治事宜的監管
- 董事會的環境、社會及管治管理方針和策略
- 董事會如何按環境、社會及管治相關目標檢討進度，並解釋它們與發行人業務的關聯 [8]

以上修訂意味著企業董事會須要為 ESG 事宜的管理架構負責。企業在推行社會責任和 ESG 時，不再只是單純地公布其措施和成效，而是應更加關注整個可持續發展的管理及運作。

此外，若董事會能夠積極參與評估和處理與 ESG 有關事宜的工作，對企業而言，這樣有助它們識別和評估公司的可持續發展風險及機遇；對投資者及其他持份者而言，在企業具備披露 ESG 管治架構的前提下，他們可以更好地評估企業董事會在 ESG 策略和目標制定等方面的角色和進度。[9]

北歐的可持續發展策略研究
——可供香港企業借鏡

一項由波士頓諮詢公司在 2017 年進行的研究指出，北歐企業的業績一致地較其他地區的企業優勝，而這現象基本上源自於他們對社會責任、ESG 及可持續發展的重視。以下我們會舉例說明北歐企業在社會責任表現方面的成功要素。[10]

較佳的總體社會影響力（Total Societal Impact, TSI）

基於三大外部持份者的影響（包括：關注 ESG 的投資者、期望企業推行社會責任的政策制定者，以及要求企業著重社會影響力的市民大眾），大部分北歐公司的領導層都致力於創造正面的社會影響力和良好的 TSI。這樣除了為公司策略奠定了基礎，亦有助展現他們的遠見、能力及領導地位。

管理層的參與

許多北歐企業的管理層，包括公司總裁和董事會，都致力於提升公司的 TSI、建立專責團隊和積極向投資者宣揚公司價值。而且，他們多是全球 ESG 發展中的重要推手，積極簽署及推動 ESG 框架，包括聯合國全球契約、聯合國可持續發展目標以及責任投資原則。

重視夥伴合作

此外，北歐企業的管理層深明合作的重要性。他們會與社會團體、政府機構及研究機構締結合作夥伴關係，共同推動 ESG 的發展。

將總體社會影響力融入核心業務

北歐企業從三方面把 TSI 入到核心。首先，這些企業會深入了解 TSI 的機遇和風險，如審視現行的影響力及分析未來趨勢等。其次，他們會根據現有及相關的業務，將 TSI 融入企業的發展中。最後，留意供應鏈上與社會及環境的相關議題，定立清晰透明的要求，幫助供應商和夥伴改進 ESG 的情況。

確保 ESG 報告的完善

北歐企業十分著重 ESG 資訊的可靠性和可用性。在數據收集和管理方面，北歐企業會劃一集中採用一組特定的材料參數、生成可靠和最新的數據，並且會儘量去評估實際影響。就 ESG 報告而言，他們會訂定一系列清晰的 TSI 績效指標，以及建立儀表面版去追蹤公司的 TSI 成效和整體表現。然後，定期量化 TSI 對改善企業的財務表現和降低風險的效能，並在年度和季度報告中披露相關資訊。

機構分享：

中國銀行（香港）有限公司

香港品質保證局「香港可持續發展金融大獎 2020」
傑出綠色貸款結構顧問 —— 最多數量綠色貸款（驗證類）
傑出綠色債券牽頭經辦行 —— 最多數量綠色債券（金融投資行業）

中國銀行（香港）有限公司視可持續發展為長期戰略，將環境、社會及管治（ESG）三大要素與整體發展戰略規劃相互結合，除了持續完善可持續發展管治架構及機制外，更積極配合香港金融管理局推進綠色金融發展，拓展綠色貸款及綠色債券等綠色金融業務。

綠色信貸業務 配合可持續發展策略

中銀香港一直以負責任的方式經營信貸業務，制定了《企業社會責任信貸管理》政策，以支持社會可持續發展為原則，優先考慮在社會和環境方面具備可持續性的項目。中銀香港亦密切留意新興綠色行業動態，支持綠色信貸，定立針對性的策略，邀請重點企業客戶合作，鎖定綠色建設、綠色能源、綠色運輸、環保相關等綠色產業。

中銀香港以綠色貸款提供融資上的支持，成功為不同類型的企業客戶取得包括香港品質保證局（HKQAA）在內的第三方機構認證。中銀香港已成功為內地領先環保綜合型企業、電力行業企業龍頭、內地大型環保行業龍頭、電訊基礎設施供應商及本

地大型地產企業等安排綠色貸款。截至 2019 年底，中銀香港綠色及可持續發展表現掛鈎貸款額較上年末明顯上升。

2020 年 6 月疫情期間，中銀香港成功為一家能源企業提供綠色貸款，該企業經營傳統的火力發電，近年積極拓展風電、水電、垃圾發電等新能源業務。中銀香港積極配合企業的可持續發展核心戰略，創造有效、高質量的授信結構，促進其新能源項目發展，成功為集團提供數千萬美元的貸款用於指定的境內風電項目上。同時，中銀香港順利為該風電項目貸款取得香港品質保證局的綠色貸款 —— 綠色特徵評審的驗證聲明，榮獲最高級別的 A 級。

中銀香港積極向客戶推廣綠色貸款，與企業合作改善環境、減低空氣、水和土壤等污染，緩和氣候變化，降低溫室排放及提高資源使用率，為社會帶來正面效益，並朝著聯合國「經濟適用的清潔能源」及「可持續城市和社區」等可持續發展目標邁進。

綠色債券業務 推動企業綠色融資

除了大力推動綠色貸款發展外，中銀香港更積極協助客戶發行綠色債券。2019 年 5 月，作為聯席全球協調人之一，中銀香港參與國家開發投資集團綠色債券項目，是該集團在國際資本市場上發行的首筆綠色債券，同時也是首家在國際市場上發行美元綠色債券的國資委管理中央企業。

此外，中銀香港於同年 10 月在中國農業發展銀行的綠色債券
項目中擔任聯席全球協調人及聯席綠色顧問。該債券為國內首
筆政策性銀行「粵港澳大灣區」主題綠色金融債券。該綠色金
融債券是按農發行《綠色及可持續債券框架》發行，同時符合
國際綠色債券準則和中國綠色債券準則，並榮獲 HKQAA 發行
前階段綠色金融認證證書，是國內首個取得 HKQAA 綠色金融
認證的政策性銀行發行債券。

機構分享：

中國光大綠色環保有限公司

香港品質保證局「社會責任進階指數」之參與機構

作為中國專業環保服務提供者，中國光大綠色環保有限公司致力為運營所在城市與農村提供全系統環保解決方案。通過自身的經營活動，集團冀推動環保行業升級，改善人類生活環境，並促進社會全面發展。

管理層參與可持續發展管治

良好的可持續發展管治有助於集團適應全球趨勢，有效控制風險，為持份者帶來更多價值。

集團十分重視最高管理層參與及支持可持續發展管治。董事會授權成立 ESG 工作小組，負責了解外部環境和持份者關注的變化，執行可持續發展相關策略及政策，提出年度工作計劃和籌備年度可持續發展報告，並不定期向董事會進行報告。在評估及釐定風險方面，董事會負責識別環境合規、工程管理、員工離職及原料供應等非財務風險，亦會制定並發布集團層面的 ESG 政策，明確對日常營運在節能減排、氣候變化、健康與安全及供應鏈風險等方面管理工作的要求，為未來可持續發展工作提供指引。

環境管理

集團持續完善環境、安全、健康及社會責任（ESHS）管理體系，重視環境管理組織和制度建設，控制環境風險管控，並提供相關教育培訓，以保障環保設施的穩定運行。例如，各項目公司成立以總經理為首的環境工作小組，領導公司環保工作；並明確各職能部門，包括安全環境管理部、生產運行部及生產技術部、行政部以及財務部的環保職責，以全面開展環境保護管理工作。2019 年，集團綠色上網電力共計 4,106,589 兆瓦時，較 2018 年增加 42.9%，較傳統化石燃料使用可減少二氧化碳排放 2,505,430 噸。

社會投資

集團深明回饋社會是企業的應盡之責，積極發揮資源優勢和社會影響力，在精準扶貧、居民關懷和公共教育等領域開展規範和系統的公益行動。例如，集團與業務所在社區農民共同創造一個農林廢棄物市場，為居民提供商業和就業機會，打造達致精準扶貧的產業鏈。江蘇省首個城鄉一體化項目，灌雲生物質及垃圾發電一體化項目（「灌雲項目」）每年可處理生物質近 30 萬噸及日處理生活垃圾 500 噸，收購生物質資源費用約為人民幣 9,000 萬元。

善用管理工具
系統化提升績效

在前文中我們已經知道，制定整全的策略、將社會責任融入到企業策略中，以及領導層的參與如何有助企業落實社會責任及可持續發展計劃。現在，我們需要進一步將社會責任有計劃、有系統地推行。國際標準化組織推出的《ISO 26000社會責任指南》，正好提供了一個實用的管理框架，讓不同類型企業參考使用。

ISO 26000 的七大核心課題

ISO 26000 指南將社會責任具體地劃分為七個核心課題，涵蓋經濟、環境及社會三方面，然後在每個課題下訂出個別議題，讓企業有效地釐清實踐社會責任的範圍、識別相關議題和確定重點所在。建議企業以整全的目光，看待每一個核心課題，考慮它們互相之間的關係。[11]

核心課題	當中部分議題
1）企業管治	最核心的元素，促進社會責任整合於企業的決策機制及管治架構中，部分內容包括： · 定下履行社會責任的策略 · 展現領導層的承諾和責任 · 創造並營造實踐企業責任七大原則之環境 · 有效率地使用財務、天然與人力資源 · 平衡企業與持份者的訴求 · 在企業與持份者之間，建立長久雙向的溝通渠道 · 鼓勵員工參與有關社會責任議題的決策
2）人權	· 盡力避免陷入人權問題風險之中 · 小心處理人權風險處境 · 避免同謀合污 · 不歧視弱勢社群 · 處理申訴 · 保障基本之工作權利
3）勞動實務	· 促進就業及僱傭關係 · 照顧工作條件及社會保障 · 保持與社會對話 · 顧及工作安全及健康 · 參與人類發展和培育
4）環境	· 預防污染 · 資源的可持續使用 · 對氣候變化的紓緩和適應 · 保護及恢復自然生態環境

核心課題	當中部分議題
5）公平營運實務	· 反貪腐 · 公平競爭 · 在影響力範圍內推廣社會責任 · 尊重知識產權
6）消費者議題	· 實行公平的營銷、資訊及合約做法 · 保障消費者安全及健康 · 支持可持續的消費模式 · 提供消費者服務、支援及排解糾紛 · 保護消費者的資料和私隱 · 保障享用必要服務的權利 · 教育及提高意識
7）社區參與和發展	· 社區參與 · 社區投資 · 創造就業 · 發展科技 · 幫助增加財富及收入 · 宣揚教育及文化 · 推廣健康

（有關 ISO 26000 七個核心課題與可持續發展目標的聯繫和區別，請參閱第二章內容。）

ISO 26000 的實踐指引

ISO 26000 指南強調，社會責任是關乎企業的決策和日常運作的，所以周詳的計劃和執行流程是非常重要的一環。以下章節，我們會以指南中  的七大實踐指引為基礎，闡述企業如何將社會責任融入至整個企業的運作之中，從而優化可持續發展績效。[12]

分析企業特性與社會責任的關係

分析企業特性和社會責任兩者的關係，以確立將社會責任融入整間公司的基礎，包括了解：

- 企業領導層對社會責任及可持續發展的取態、認識程度
- 企業營運所在地區狀況，如法制要求，經濟、環保及社會特徵
- 企業的營運模式與規模
- 企業以往的社會責任及可持續發展表現
- 企業員工的特徵，包括合約員工
- 同業在社會責任方面的做法及要求
- 內、外持份者所關注的社會責任及可持續發展議題
- 企業的核心價值、使命、目標、原則及守則

· 企業的決策機制和管治結構
· 企業的價值

了解企業的社會責任

釐清企業對社會、環境和經濟的實質及潛在影響，以避免和減緩其衝擊。下列數項是企業必須清楚有關社會責任的部分：

i. 識別持份者，以及評估企業履行的社會責任範疇

一如何識別持份者：

一間企業的持份者，包括所有可能影響，或會被企業的決策和行動所影響的個人或群體，如：員工、顧客、供應商、社區團體、母公司或附屬公司、合作伙伴、投資者和股東等。ISO 26000 指南建議企業回答一些問題，以便羅列出持份者的名單，例如：

· 企業必須對誰負起法律責任？
· 企業的決策和行動，會對誰構成正面或負面影響？
· 誰會比較關注企業的決策和行為？
· 當出現具體影響時，誰可以幫助企業去處理和應付？
· 誰可以影響企業達成社會責任的能力？

一如何確認社會責任的範疇：

企業要釐清其「影響圈」（Sphere of Influence）（又稱「影響範圍」）。根據 ISO 26000 指南，企業應對其正式及／或實際控制的決定和行為負責。因此，企業的

影響範圍可能很廣泛；除工作場所外，還有機會包括價值鏈、市場、社區及政府等。

- **企業與社會的關係**

  企業應該了解其決策和行動，對社會及環境構成影響的範圍。此外，亦要知悉社會對一間負責任企業的期望。

- **企業與持份者的關係**

  企業應該注意其決策和行動，對持份者構成實質及潛在影響的範圍。

- **社會與持份者的關係**

  企業應該了解持份者利益與社會期望之間的異同。舉例來說，如果一間企業與供應商合作，從供應商的角度來看，所關注的是利益；但從社會層面來看，最關注的是企業尊重合約精神，兌現合同。

ii. 確立社會責任的核心主題和企業之間的關聯與重要性

如前文所述，為了方便企業知悉其社會責任所在，ISO 26000 指南將社會責任劃分為七個核心主題，並在每個主題下訂出各種議題。這些議題並非全部都適用於企業個別的情況。企業應先選定一些合理、有意義、重要和有相關性的議題。

iii.建立社會責任之核心主體與議題的優先次序

企業應為所選定的議題訂出優先次序，並讓持份者給予意

見。否則，參與者會覺得企業需要履行沒完沒了的責任，大大影響他們的投入動力和表現。[13]

根據 ISO 26000 指南，部分需要優先考慮的因素包括：是否符合法律及國際慣例？可否顯著地提升企業能力以實現重要目標？投入的資源與成效對比如何？達成目標需時多久？未能短期內處理會否明顯地影響成本？能否便捷地在公司內外推動社會責任？而實際的排列次序，則因企業而異。

將社會責任融入整個企業中

ISO 26000 指南提出了以下三個將社會責任融入到企業的步驟[14]：

i. 定下履行社會責任的方向

企業管理層定立的目標、願景、價值觀和策略決定了企業營運和發展的方向。為了將社會責任有效地注入企業的營運方向中，並確保其能夠成為當中的重要組成部分，企業可以採取下列的一些途徑：

· 在企業願景或行動聲明中具體、清晰地列出社會責任及可持續發展相關的原則和議題
· 採用書面聲明，明確機構社會責任承諾
· 將社會責任融入機構關鍵的策略決策系統中
· 將社會責任及可持續發展議題，轉化成具體、可量化的機構目標，並設定計劃的優先次序、時間表和預算等

ii. 建立及增強企業對社會責任的認知與實踐能力

將社會責任有效地融入到企業中，企業需提升公司上下，尤其是領導層，對企業的社會責任原則、核心主題和議題的理解。在推動社會責任計劃的時候，應先從企業現有的價值觀和文化中有系統地逐步展開，並由較容易讓人接受的計劃範疇或對計劃感興趣的部門作為實踐的起點。

此外，企業可藉由專業培訓和技能提升來加強員工對社會責任計劃的理解和認識，這樣亦有助於計劃在實踐時的執行力。在有需要的時候，企業可以變革公司的決策程序和管理模式，甚至改進監測和量化企業績效的工具，以便更順暢地推行社會責任計劃，為計劃注入新動力、新思維。

iii. 將社會責任引入企業的管治架構、系統和流程中

企業管治是把社會責任融入到企業的重要途徑，亦是企業為實現目標而制定和決策的系統。企業應積極地審視和管理營運過程中，對每一個核心主題可能造成的影響。盡能力地將對社會和環境產生負面影響的風險降至最低。與此同時，增加有可能為社會和環境帶來益處的機會。另外，在推行社會責任的決策過程中，考慮當中所需的資源和規劃，並對流程作出評估，以確保系統沒有偏離社會責任的目標。一些可供企業參考的推行要點還包括：

· 審視現行的管理方式是否能反映企業的社會責任原則
· 確保社會責任原則與核心主題能在公司內各部分得到落實

- 在企業內建立專責小組評估和修訂企業的營運程序，使其符合社會責任核心主題
- 在企業開展業務之時便將社會責任納入考慮
- 將社會責任納入採購、投資實踐和人力資源管理等部門的職能中

除此以外，一些研究文獻亦提到，假如在實踐社會責任方案和可持續發展目標時，沒有妥善整理部門的職責，企業通常難以塑造出一致的可持續發展願景。有關於此，聯合國開發計劃署報告和哈佛商業評論分別提出了相似的建議。前者建議企業應明確分配各部門的職責，建立專責部門協調跨部門的合作；後者提出，企業應設立負責整合社會責任活動的職位，確保各活動團隊之間的溝通順暢及一致協調。

顯然，不論在實踐社會責任方案還是可持續發展目標時，企業都需將部門的職責分配好，然後透過專責團隊協調各部門之間的溝通和工作，對計劃的連貫性及一致性大有幫助。[15]

社會責任之溝通

企業內部和對外的溝通，是實踐社會責任十分重要的一環。企業需透過年報、ESG 或可持續發展報告等，定期向持份者披露有關可持續發展表現的資訊，並且運用市場上的通用標準，如《全球報告倡議組織標準》作為報告的框架，以加強各持份者對企業發展能力的信心。[16]

不過，這類報告或許會超出一般中小企的能力範圍。取而代之，中小企可採用其他溝通渠道，例如，通過公司網站或電郵這類不太耗用資源的方法，與公眾建立溝通的橋樑，讓社會大眾及持份者了解其社會責任的措施和表現。

根據 ISO 26000，溝通在社會責任的角色還包括，加強企業內外對其社會責任之目標、計劃及績效的認識；促進持份者的參與和對話機會；滿足法律或其他要求透露其社會責任內容；表明企業如何實現社會責任的承諾；展示其問責性和透明度；以及提高企業的聲譽等。

應用於社會責任議題的溝通，宜直接淺白、容易獲取。企業可參考以下的溝通特徵和形式，建立適合自己的溝通系統。

- **溝通特徵**

  資訊應該是最新和完整的，而且淺白易明、真確無誤、公正持平、實質且重要，並可供持份者索取參考。

- **溝通形式**

  與公司管理層或僱員溝通、持份者會議，以及有關社會責任的團隊活動、研討會、內外審核、產品資訊、刊物供稿、廣告、網站、定期的公開報告等。

提升企業在社會責任的可信度

管理層過分著重公司股東的利益或追求短期的利益，而忽略員工和公眾等其他持份者的利益，是部分企業在實踐可持續發展時常見的不足之處。這些企業因為缺乏了對「持份者理

論」的承諾，故此社會責任活動會經常受股東利益所影響。
當這些企業遇到經濟不景或是盈利受壓時，往往會先將非股
東持份者的利益置於一旁，因而令人對企業推行社會責任的
目的產生質疑。[17]

事實上，企業十分值得建立持份者對其社會責任的信任度。
假如企業能夠堅持履行社會責任的承諾，在任何情形下兼顧
不同持份者的利益，而不是只採取偶發性或條件性的行動，
可以有效獲得公眾和持份者的信賴，甚至為企業建立良好的
品牌形象。[18]

根據 ISO 26000，要提高公眾對社會責任的可信度，企業可
以參考以下五個方法：

i. 讓持份者參與

推動持份者之間，以及與持份者的對話，譬如加入同業組
成的組織協會，從而了解社區內持份者的需要，並在共同
的活動領域中推動對社會負責任的行為。持份者的參與可
以幫助企業更了解各持份者的利益和意圖，並且建立他們

對社會責任的信任。在社會責任措施推行時，可邀請持份者參與監測和績效評估的過程，考慮他們的意見，並作出適當的行動和承諾，以提升持份者及公眾對企業的可信度。

ii. 取得相關認證

透過參與可靠獨立的認證計劃，企業能夠提高某些特定社會責任議題的可信度，例如產品安全的認證、營運過程對環境影響的認證等。

iii. 讓獨立第三方參與活動，如組成顧問委員會

成立第三方獨立組成的單位，為社會責任項目進行評估和監測，例如顧問委員會。

iv. 由獨立的第三方核實企業報告

越來越多企業發現，引入獨立第三方去核實（或稱「驗證」）可持續發展報告，能增加持份者對報告內容的信心，提高其可靠程度及關切性。經核實後，獨立第三者一般會在報告內文中標示一段聲明，簡單地描述核實工作的範圍、方法及結論。企業亦一般會另外收到獨立第三方的一份詳細的報告，描述在核實時的發現，及提出改善意見，供企業考慮。

由第三方核實報告的好處，可以歸納成以下三方面 [19]：

- **增報告可信度**：建立信任，增加持份者對報告書中內容的信賴。

- **優化管理流程**：透過第三方驗證的過程，企業能夠從中獲得改善社會責任項目管理流程的建議。
- **可靠客觀評價**：經第三方核查的報告能使投資機構對企業的社會責任表現做出更可靠客觀的評價。

v. 妥善處理與持份者的爭拗或衝突

在推行社會責任項目的過程當中，企業與持份者之間出現分歧是在所難免的事。一般而言，解決這類矛盾的有效方法，就是讓勞資雙方透過具體的機制達成協議，而這類機制應在公正、透明的情況下進行。當中的內容可以包括：

- 直接與受影響的持份者討論
- 設立供持份者和企業提出觀點和解決辦法的平台
- 採用正式的投訴處理程序
- 提供書面文件以減少誤會產生
- 採用調解或仲裁
- 能夠舉報不道德行為而沒有報復風險的機制
- 其他處理投訴的程序

評估、改善企業與社會責任相關的行動和實務

當社會責任項目落實推行後，企業可以透過以下四個步驟對評估和作出改善，確保其依循既定目標進行。[20]

i. 以績效指標檢視社會責任的進程

企業可透過績效指標檢驗社會責任活動是否按照計劃進

行。當績效指標優異，可能代表著企業的活動有所進步、按著原有目標前進或得到良好的管理。反之，績效指標惡劣可能意味活動與目標有所偏離，便於企業及時發現，並作出迅速的調整和改進。

檢驗社會責任績效指標的方法種類繁多，包括周期性定期評估；從持份者中獲得評價；以及建立如碳排放量、能源耗用量等基準。舉例來說，針對減少耗電和廢料的活動計劃，企業可將計劃對公司利潤的影響，以及改善水質和空氣的程度量化，作為檢驗活動的績效指標，然後在年報中公開計劃的進度。[21]

此外，企業不妨與同業，或者績效指標和活動性質相似的公司作比較分析，這樣有助於增進自身對計劃及其對社會和環境影響的理解。

ii. 評估企業履行社會責任的進展和績效

除了基本日常營運時，需要對社會責任活動的進度進行檢驗外，企業同樣需按照適當的周期作出審視和評價。這類評估必須要足夠全面，換句話就是涵蓋所有落實了的社會責任核心主題。另外，企業應將當前的績效表現和過去表現進行對比分析，以了解計劃的進展幅度和成果。同時，把一些難以量化的元素，如社會責任的態度、價值觀聲明、持份者的參與等都納入到評估之中。

在評估當中，企業應對計劃提出諸如以下的提問：

- 目標和指標是否按預期完成？
- 策略和程序是否能對應目標？
- 哪些工作較有效？哪些無效？為什麼？
- 目標是否還合適？
- 哪個程序部分可以做得更好？
- 是否相關人員參與其中？

iii. 增強數據、資料收集和管理的可靠度

當企業需要處理其他機構之社會責任績效數據或敏感資料時，可以透過法律或相關規定對企業制度的評估來提高可信度。例如，法律或規定會評估發放環境執照的要求、公布污染物排放數據等。這種評估可以帶來以下優點：

- 提高數據和資料的可信度
- 增加外界對企業提供準確數據的信心
- 確保數據安全及受到私隱保護 [22]

iv. 改善績效

當企業進行一段時間的定期評估後，可以考慮優化社會責任績效的方法，譬如因應著發展狀況修改計劃目標，以便取得比預期更大的成果；又或是擴大計劃的覆蓋範圍，以增加尋找新的機會和資源。

企業亦可以在評估過程中多獲取持份者的意見，以助企業識別社會責任計劃的新機遇，並了解持份者已更改的期望，從而改善績效。[23]

選擇與社會責任及可持續發展相關的倡議和計劃

現時，不少組織都推出了自願性質的倡議和計劃，包括自我評估工具或第三方認證等，協助企業實踐社會責任，提升可持續發展表現。企業可按照自身的能力、需求和目標進行選擇。由於部分倡議在某個議題上已有一定的認受性，企業可以憑藉倡議所建立的可靠基礎，提高社會責任的公信力。

企業在決定是否需要參與某項倡議的時候，應考慮以下數個注意事項，包括：

· 倡議是否只適用於本地區域？
· 倡議是能否幫助企業接觸某些特定的持份者？
· 倡議是否提供實用及有價值的指南？
· 制定及管理倡議的組織屬於甚麼性質和類型？聲譽如何？
· 制定及管理倡議時是否公開透明？

初履行社會責任的企業，可借鏡上述的指引和例子，建立與企業的核心價值、使命和目標配合的策略及計劃，並且參考波士頓諮詢公司報告提出的六個主要條件，塑造一個企業價值與商業利益兼備的發展模式：[24]

1. 重新定義企業策略
2. 調整商業模式
3. 重整績效和評估機制
4. 建立充滿使命感的團隊

5. 提升企業的運作能力

6. 提高董事會管理水平

此外，ISO 26000 工作小組主席豪爾赫・卡哈澤拉博士
（Jorge Cajazeira）亦提醒企業：要成功推行社會責任，必
須加倍注意三方面：透明度、持份者的參與，以及企業影響
的範圍。如果忽略了任何一方的話，將社會責任整合於任何
企業活動時都會事倍功半，或是無法連貫地融合，最後甚至
失敗收場。畢竟，社會責任並不是一朝一夕可完成的項目，
要孕育成一個更穩健、更有靈活性和歷久常新的企業，還是
需要不斷改進和提升。[25]

ISO 26000 工作小組主席
Jorge Cajazeira 博士，
在 2009 年的香港品質保證
局專題研討會上簡介 ISO
26000 社會責任指南

機構分享：

九龍倉置業地產投資有限公司

香港品質保證局「社會責任進階指數」之參與機構

九龍倉置業地產投資有限公司主要在香港、中國內地及新加坡投資和管理地標物業項目。集團致力在發展業務的同時，兼顧環境、社會及持份者的整體利益，透過願景和使命傳達對可持續發展的承諾。集團已制定 2030 年的長遠目標：基於 2014 年的水平，期望將溫室氣體排放量減少 30%，以及投資物業耗電強度下降 27%。

識別營運中與聯合國可持續發展目標相關的項目

集團根據《企業社會責任指引》制定目標及承諾，並組織不同的可持續發展項目，以處理有關環境、員工、社區及企業管治事宜。集團致力支持「聯合國可持續發展目標」的全球行動，將業務營運與十七個可持續發展目標中的十一個目標保持一致，並投入資源及與持份者合作，以實現長遠的正面價值。例如，為響應目標 4：優質教育及目標 10：減少不平等，集團於 2020 年為員工提供了合共 43,894 小時的培訓，並透過社區投資計劃向弱勢社群提供教育機會及資源以減少社會不平等；針對目標 7：經濟適用的清潔能源及目標 13：氣候行動，集團在海港城天台安裝了太陽能光伏系統，並購買「可再生能源證書」，以支持可再生能源的發展。集團亦已將氣候風險納入企業風險管理框架，並參考氣候相關財務資訊披露工作組（TCFD）的框架評估業務單位的氣候風險，實施相應的緩解措施應對氣候變化。

改善業務的環境表現

集團透過監察業務的環境表現及進一步辨識改善範疇，致力達至全面的環境管理，包括能源和溫室氣體排放管理、水資源管理、資源管理、空氣質素管理及加強員工環保意識等。例如，為減少業務營運產生的碳排放，集團於時代廣場優化冷水機組，安裝可節省 10% 電力消耗的變速驅動器，並將送風櫃升級為電子整流風扇，預計每年可節省用電超過 100,000 千瓦時。此外，為減少廢物棄置在堆填區，集團與持份者緊密合作，以促進旗下物業的廢物回收。集團 2020 年在會德豐大廈推出「Green Office Reward」計劃，僅三個月時間，共計回收了 1,648 公斤的紙張，是前一年同期回收量的兩倍以上。

「社、企共勉」

集團亦致力為社區帶來正面影響，並在發展業務的同時，協助社區茁壯成長。集團專注於青年發展、藝術及文化發展以及社會福利，通過捐款、場地贊助、義工服務及創造就業機會等形式給予支持。自 2011 年起，集團的旗艦「社、企共勉」項目「學校起動」計劃透過舉辦「趁墟做老闆」、「職場體驗計劃」、「生涯規劃日」和「企業參觀」等活動為學習條件稍遜的中學生提供多元學習機會，為日後升學及就業作好準備，至今惠及超過 80,000 名學生。此外，集團亦透過舉辦「建築設計實習計劃」培育本地建築人才及「九龍倉青年藝術大使計劃」推廣本地藝術教育。

機構分享：

利奧紙品集團財務有限公司

香港品質保證局「香港可持續發展金融大獎 2020」
傑出綠色貸款發行機構——多元綠色框架、單一綠色貸款
（印刷傳訊業）

利奧紙品集團成立於 1982 年，追求「持續改善，臻善至美」
作為經營理念；以品質、人本、道德、社群、環境和關係作為
核心價值觀。集團的可持續發展方針及項目計劃融合了核心要
素包括：經濟績效、環境保護和社會包容，透過綜合體系管理
系統將項目計劃、營運策略及措施推行到業務流程中，加強各
營運領域的可持續性。

「善用資源，愛惜環境」是集團的環境價值觀，持續推廣環保
材料及清潔生產技術，為提升「綠色」製造能力，不僅積極增
加「綠色」材料採購，引用「綠色」技術開發產品，致力推行
「零廢料」、「零碳排放」工場，更銳意減少製造廢料廢水，
全面降低碳排放以及實施資源重用等。

改善生產和業務營運中的環境績效 減少生態足跡

2018 年，利奧是香港首間私人企業獲得香港品質保證局綠色
金融認證及完成綠色融資項目，並且 2021 年的綠色融資項目
再獲此認證。利奧與 8 間銀行在 2021 年簽署一項四年期的銀
團貸款，總值 4 億元。連同 2018 年及 2019 年完成的 7.5 億元
的綠色融資，集團合共取得 11.5 億元綠色貸款。

集團的環保項目專注於節能減碳、廢氣防治、廢物防治、廢水防治、綠色建築、資源利用、自然資源再造等。過去 10 年內用於節能技改項目的總投資額超過 4 億港元，總節電量達到 4,346 萬度，減少柴油使用量超過 30 萬噸，成功減低碳排放量合共 22,785 噸。利奧致力改善生產和業務營運中的環境績效，以減少生態足跡，創造更美好的綠色和諧世界。

專業合格評定 促進可持續發展

各地政府和商界都十分重視企業的可持續發展表現,以及責任投資市場的健康發展;而專業公正的合格評定機構,從中扮演著十分重要的推動角色,不但為企業提供框架和指引,以助建立可持續發展策略,亦可增加投資者及持份者的信心,推動更多資金流向可持續發展用途。

就以香港品質保證局為例,作為香港政府於 1989 年成立的非牟利公營機構,多年來致力引進國際標準,開發多元化的合格評定服務,推動企業實踐社會責任,提升可持續發展表現。

引入國際管理標準 提供認證、核查等服務

· ISO 14001 環境管理體系認證
· ISO 14064 溫室氣體排放核查
· ISO 22301 營運持續管理體系認證
· ISO 37001 防貪管理體系認證
· ISO 45001 職業健康安全管理體系認證
· ISO 50001 能源管理體系認證等

配合市場需求 開發多元化創新服務

- **2007 年**　推出「可持續發展報告核查服務」
- **2008 年**　在香港上海匯豐銀行的初始支持下，參考《ISO 26000 社會責任指南》，推出「HKQAA 社會責任指數」
- **2010 年**　推出「減碳標籤計劃」
- **2011 年**　推出「香港品質保證局樓宇可持續展指數」
- **2012 年**　啟動「HKQAA-HKJC 碳披露電子平台」

- **2013 年**　推出「無障礙管理體系認證計劃」
- **2014 年**　開始為「恒生可持續發展企業指數系列」就上市公司的可持續發表現提供評級服務
- **2015 年**　啟動「香港品質保證局香港註冊 —— 環保回收服

務」、「香港品質保證局香港註冊 —— 生態友善
系列

· **2017 年** 在回收基金資助下，啟動「香港品質保證局香港
　　　　　　　註冊 —— 廚餘回收」、在社區投資共享基金資助
　　　　　　　下，啟動「共・商・善舉」社會資本計劃
· **2018 年** 推出「綠色金融認證計劃」，及後再延伸計劃至
　　　　　　　綠色基金、ESG 基金及抗疫金融
· **2020 年** 推出「可持續發展表現掛鈎貸款評審服務」、舉
　　　　　　　辦「香港可持續發展金融大獎 2020」
· **2021 年** 推出「綠色貸款『評定易』」網上平台、推出「綠
　　　　　　　色和可持續金融認證計劃」等

參與制定國際及國家標準 致力推動可持續發展

· 香港品質保證局專家分別獲中國標準研究院及香港特區政府
創新科技署提名，直接參與制定：
  - ISO 14030 綠色債務工具 —— 指定項目及資產的環境表現
  - ISO 32210 可持續金融框架 —— 原則和指南

· 香港品質保證局委派代表參加國家標準起草專家小組，制定
  - ISO/IEC TS17021-10 職業健
    康安全管理體系審核與認證
    要求
  - ISO/IEC TS 17021-9 反賄賂
    管理體系審核與認證要求

香港品質保證局銳意發揮自身的專業優勢和功能，提供更多解
決方案予企業及社會，利用在社會責任、可持續發展及負責任
投資等領域的知識和經驗，為推動全球可持續發展盡一分力。

第 七 章

營商投資應重視
可持續發展

ESG 及可持續發展已成市場大趨勢

人類活動是影響社會及環境的主要因素。企業作為人類活動中的重要組成部分，自然對社會及環境的變化造成不容忽視的影響，因此若企業能夠積極參與可持續發展，將會是推動社會及環境改善的一大動力。誠然，從宏觀的角度來看，實踐可持續發展不但是企業的責任和義務，也是現今社會大眾和持份者的期望；而在實際層面上，它亦能為企業帶來諸多益處，增加市場競爭力，減少營運風險，令企業更加堅韌穩健。

全球企業領導關注焦點

隨著環境及社會問題越發嚴重，氣候變化引起的自然災害變得頻繁，加上新冠疫情的衝擊，企業對可持續發展的關注度日益提高。聯合國全球契約組織發布的《實現「行動十年」計劃的關鍵領導力特質》2020 年報告指出，超過九成的企業領導認同，將可持續發展納入企業策略對公司業務的成功十分重要。近五成企業領導表示，他們已在日常營運中實施可持續發展；約兩成的領導感受到公司能幫助實現可持續發展目標。由此可見，可持續發展已經成為全球企業管理層關心的議題之一。[1]

環境及社會挑戰 帶來營運投資風險

企業今天面對的營商投資環境，的確愈加複雜多變。首先，
氣候變化導致的極端天氣，加劇了外部不可控因素；其次，
在面臨綠色轉型過程中，政策、法規和市場的不斷改變，[2]
以及因全球經濟不穩和各種不平等現象而產生的社會不滿情
緒，都有可能為企業帶來營運和財政方面的風險。而投資及
推行可持續發展項目，有助與持份者保持良好的溝通及參與，
長遠來說，亦可減少這些危機的發生，利於企業管理、預防
及降低面臨的風險。

就以環保政策為例，各個政府近年相繼推出強制的氣候變化
披露要求和減排政策[3]，並且實行了監管措施和鼓勵方案，如
減廢回收、污水及廢氣排放管制，以及電動車補貼計劃和綠
債補貼等。在這些監管措施和鼓勵政策的兼施下，企業將可
持續發展納入營運中乃大勢所趨。

新生代更重視 ESG 及可持續發展議題

此外，過往有不少研究指出，新生代的年輕人更關注社會及
環境議題。根據彭博智庫（Bloomberg Intelligence）的一
項調查，近八成的千禧世代對能影響社會的投資較感興趣，
較嬰兒潮出生的一代高出超過一倍。為迎合新生代不同的價
值觀，世界各地的商學院亦紛紛推出有關 ESG 的課程，為
ESG 市場培育具備相關技能和知識的人才。故此，企業宜及
早適應社會價值觀的改變，滿足市場期望，儘早實踐可持續
發展。[4]

商界角色舉足輕重 社會對企業期望日增

如前文所述，商業活動無疑是現代人類社會重要一環，但不管是大型跨國企業，還是中小型企業，其發展過程必然會對環境造成無可避免的破壞。[5] 在今天商業高度發展的社會，企業擁有甚至比政府更大的影響力。故此，除依靠政府的規管外，社會大眾、環保團體和非牟利組織都不斷提升對企業的期望，認為他們應該利用其豐富的專業知識和資源，透過實踐社會責任或 ESG，積極促進可持續發展，為下一代創造更美好的世界。[6]

環保組織香港地球之友主席吳方笑薇女士，在 2020 年舉行的「ESG 在香港的實踐」網上論壇上指出，在商業決策、金融投資及政策制定上實踐 ESG，都可發揮關鍵的推動作用，不但促進經濟復蘇，更有助締造更環保、清潔、健康及公平的未來。[7]

可持續發展理念
對香港企業的策略價值

將可持續發展視為企業營運和投資決策的重要元素，能為企業及投資者創造諸多策略價值，如提升企業品牌形象和聲譽、優化企業的營運效率和風險管理，以及有助投資者建立更低風險、較高長期回報的投資組合。

減低潛在風險 創造長遠價值

重視可持續發展的企業，都會在所處的商業環境中，識別、減少甚至預防潛在的社會和環境風險，例如污染訴訟、勞資糾紛、股東提出異議、損害聲譽和經濟效益等，從而加強企業的韌性，創造長期穩定的價值。[8]

香港交易所首席中國經濟學家巴曙松分析道，在環境相關的法律法規日趨嚴格的背景下，企業在日常營運中所面對的違規風險不斷增加，對公司的成本和盈利造成不容忽視的影響。各國政府相繼推出優惠和補貼政策給予綠色和可持續發展的項目，並對高污染、高耗能的項目加大管制及處罰。[9]

此外，從極端天氣引致的自然災害，到貧富不均等問題造成的社會不穩定因素，都日益加劇企業運營中斷的風險。[10] 借

助可持續發展的管理策略，有助於提升企業風險管理能力，並根據整體經濟社會情況，及時調整企業發展方向。

廣受投資者青睞 納入指數吸引資金

由於實踐可持續發展有助於加強企業識別及應對風險的能力，亦因而更易吸納資金。[11] 聯合國 2021 年可持續發展融資報告指出，投資者出於增強其投資資產韌性的考慮，傾向選擇低營運風險的機構，盡量規避與可持續發展相關的風險，包括氣候變化引起的災害、氣候政策帶來的行業更替等。[12]

事實上，多數符合可持續發展及 ESG 原則的金融產品的收益率高於傳統的金融產品，所以投資者更傾向選擇符合這些理念的企業。根據德意志銀行報告顯示，與美國標準普爾 500 指數企業的投資回報相比，履行 ESG 的企業之平均投資回報領先於其他同行。[13]

此外，隨著負責任投資理念的發展，國際主要的指數公司都推出了可持續發展或 ESG 指數。因此，關注提升可持續發展表現的企業，有機會被納入可持續發展或 ESG 指數，吸引資金正向流入。香港恒生指數有限公司亦於 2010 年推出可持續發展指數系列 [14]，並因應市場需求，後續推出恒指 ESG 指數、恒生國指 ESG 指數及恒生 ESG50 指數，把 ESG 元素分別加入不同指數之中。[15]

截止至 2020 年中，聯合國責任投資原則組織協議（The United Nations-supported Principles for Responsible Investment）簽署主體已超過 2500 家，並且追蹤 MSCI ESG 指數的 ETF 基金也快速增長。[16] 此外，根據香港交易所的研究報告，2020 年全球納入 ESG 投資因素的資產總量為 40.5 萬億美元，與 2014 年的 18.3 萬億美元相比，升幅達 122%，可見 ESG 投資大氣候銳不可當。[17]

香港交易所主席史美倫女士在「香港品質保證局網上專題研討會 2020」上致辭時，談及可持續發展策略為香港市場帶來的機遇。她認為 ESG 表現較佳的公司不僅在營運上更具韌性，對

香港交易所主席史美倫女士在「香港品質保證局網上專題研討會 2020」上致辭

投資者甚至求職者也更具吸引力。她樂見更多公司擁抱 ESG 價值，並將可持續發展理論融入經濟和社會中。投資者對可持續投資的興趣日趨增加，在中國綠色及可持續金融的快速發展下，香港必然會領導行業的發展。[18]

拓展嶄新市場 與各界締造共贏

企業與監管機構、投資者、社區及不同持份者保持良好的溝通，不但有助建立和諧互惠的關係[19]，並可從中獲取寶貴的反饋及意見，掌握市場及社會發展的最新走勢，有助拓展嶄新市場，發展多元化產業，例如開發節能低碳產品、推出綠色健康食品、公平交易產品等。[20]

事實上，不少企業管理層廣泛認為，衡量企業的成功，不單靠財務指標，還應運用可持續發展策略，考慮股東和其他持份者的利益。通過識別市場中秉持相同可持續發展理念的策略夥伴，將有利於企業以統一的價值體系和溝通方式進行商業活動，發揮更強的協同效應，與各界攜手締造共贏。[21]

減省額外成本 提高營運效率

企業實踐可持續發展的同時，可透過減少浪費、節約能源、減少污染等方式降低成本，提高營運效率。[22] 劍橋大學可持續領導力學院（Cambridge Institute for Sustainability Leadership）近年發表的研究報告指出，可持續發展企業如果將聯合國可持續發展目標融入其核心業務中，不但可以獲得長遠回報，更有助於降低未來的潛在風險和成本，提升公

司運作效率。[23]

根據美國福佈斯（Forbes）報道，有證據表明，可持續發展表現較差的企業，市場表現亦較為遜色。[24] 因為企業可能會受社會、環境相關的突發事件影響，使成本增加，利潤損失。例如，發生漏油事件、召回問題產品、法律訴訟、供應鏈受氣候變化中斷等情況。[25]

吸引人才 增強員工歸屬感

聯合國開發計劃署署長阿奇姆・施泰納（Achim Steiner）強調，企業將可持續發展理念融入其業務發展的各個階段，並視員工為人力的投資而非成本，除了有利於提高效率，亦有助於增加員工的留任率和員工的參與度。[26] 此外，員工參與度高的公司，其盈利能力更高[27][28]，比參與度較低的公司高約23%。[29]

提升品牌形象和聲譽

今時今日，消費者越來越看重企業的可持續發展表現，並願意消費可持續性產品。企業提升可持續發展表現，能夠建立企業在社會大眾心目中的形象和聲譽，增強品牌的價值和競爭力。[30] 國際市場調研公司尼爾森（Nielsen）針對來自全球60 多個國家的 30,000 位消費者進行了問卷調查，發現 66%消費者願意購買具可持續性的產品，並認為透過此方式，能夠更好地了解企業品牌形象。[31]

可持續發展理念
對投資者的策略價值

投資潛力巨大

聯合國貿易發展委員會（UNCTAD）估計，從 2015 年到
2030 年，實現可持續發展目標每年需要 5 萬億至 7 萬億美元
的資金，可見投資者勢需調整投資方向，更著眼於有關可持
續發展的產品和服務上。[32] 聯合國報告亦指出，到 2030 年，
由全球可持續發展目標所驅動的經濟增量可達 12 萬億美元，
其中發展中國家實現可持續發展目標每年的資金缺口高達約
2.6 萬億美元。[33]

近年，有知名國際會計師事務所發表報告，指實現可持續發展
目標是未來全球經濟增長的主要動力之一。在糧食和農業、城
市、能源和材料、以及健康和福祉四個經濟體系，蘊藏著巨
大發展潛力。例如，到 2030 年，若糧食和農業體系與可持續
發展目標接軌，將有可能創造超過 2 萬億美元的經濟價值。[34]
2017 年，中國在清潔能源上的投資已超過 1250 億美元，比
2016 年增長超過四分之一。[35]

美國著名投資管理機構貝萊德（BlackRock）亦分析表示，在
2010 年至 2019 年期間，ESG 基金市場持續增長，暫無放緩
跡象，並預測未來發展潛力巨大。（見下圖）[36]

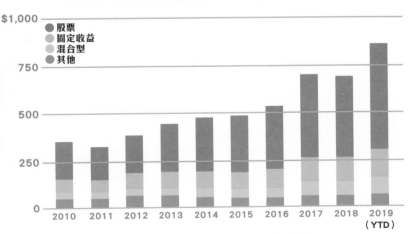

2010-2019年期間，ESG基金的增長

資料來源：貝萊德投資研究所，2019 年6月取材自國際貨幣基金組織數據。
註：數據基於國際貨幣基金組織人員使用彭博財經數據計算得出。管理資產單位
為美元（十億）。數據截至於2019年6月。該圖表僅顯示全球ESG主題基金。

更低風險 較高回報

如前所述，重視可持續發展的企業，具有更強韌性去應對各種潛在風險，利於創造穩定的長期回報，而這亦反映在資本市場的統計數據上。2015 年，德意志資管公司和漢堡大學進行一項關於 ESG 的全面文獻綜述，通過分析超過 2000 篇研究發現，無論從定性還是定量考量，多數研究顯示 ESG 指標與公司績效呈正相關關係，即考慮 ESG 因素的企業會得到更高收益率。[37]

另有研究文獻指出，採取「持有高碳效率企業、沽出低碳效率企業」的投資策略，累計收益率為每年 3.5% 至 5.4%，顯示在沒有政府補貼的情況下，投資高碳效率企業仍然可以獲利。[38] 在投資基金方面，上海證券交易所報告亦提及，相較傳統投資基金，多數 ESG 責任投資基金均在較長時期內保持了較小的波動率，並保持了較為持續穩定的收益回報。[39]

至於在香港金融市場，據晨星提供的數據顯示，2020 年 1 月 1 日至 11 月 17 日期間，香港供公眾人士認購的認可 ESG 基金之累積回報率，大部分呈現正增長，表現最理想的基金，其間累積回報率高達 117.89%。[40] 此外，有本地財經專家指出，恒生指數 ESG 指數在 2021 年首季的累積回報約 7.5%，高於恒指約 6.6%，但其實恒指 ESG 指數與恒指的成份股完全相同，只是在計算權重時，考慮了企業的 ESG 表現。這印證了重視可持續發展的投資策略，正好適應日趨波動的市況，在弱市時減少跌幅，令長遠回報更穩定。[41]

展示社會責任 滿足持份者期望

投資綠色和可持續項目是一種向政府和公眾展示其綠色資質、履行社會責任的有效方式，有助滿足不同持份者的期望。對於長線及負責任的投資者來說，透過 ESG 投資，可以身體力行去支持可持續發展。

可持續發展理念
對社會、經濟及環境的裨益

誠然，企業和投資者重視可持續發展的策略，除了為自身帶來好處之外，亦對整個社會的長遠發展，以及人類的健康和福祉產生積極影響。接著下來，我們會詳述提升可持續發展表現能為社會、經濟及環境帶來甚麼裨益。

社會效益

· 提升人類健康和福祉

有國際研究報告披露，可持續發展目標除了推動全球經濟增長，亦對人類的健康和福祉方面產生積極促進作用。例如，到 2025 年，利用互聯網技術等新興技術將可實現遠程監護病患，有助於將衛生系統慢性病的治療費用降低 10%-20%。[42] 這符合可持續發展目標 3，確保健康的生活方式，促進各年齡段人群的福祉。

· 創造就業崗位

商業與可持續發展委員會（BSDC）估計，到 2030 年，如果商業機構將可持續發展目標納入核心策略，並積極實現可持續發展目標，將可創造 3.8 億個就業崗位。[43] 國際再生能源總

署（The International Renewable Energy Agency）亦預測，到 2050 年，通過增加在能源系統綠色化領域的投資，全球可再生能源領域將創造 4200 萬的工作崗位，實現兩倍增長。[44]另外，國際勞工組織分析估算，從舊有生產製造模式轉型到循環經濟的過程中，將新增 600 萬個工作崗位。[45]

縱觀美國就業市場，可再生能源行業已成為美國的主要僱主。美國 E2 智庫在 2019 年的美國清潔能源工作報告中提及，現有近 330 萬美國人從事清潔能源領域工作，以 3 比 1 的比例超過化石燃料工作者。[46]美國知名智庫布魯金斯學會（The Brookings Institution）研究表示，清潔能源行業平均時薪比美國全國的平均值高，分別是 28.41 美元和 23.86 美元，並且總體來看，進入此行業可獲得 8-19% 的薪酬升幅。[47]

· 企業發揮社會資本效益

企業運用所擁有的社會資本，包括知識技能、社會網絡、制度和共同價值觀等，有助於增強社會凝聚力，提升社區抗逆能力，進而促進社會可持續發展。

例如，國際商業機器中國香港有限公司（IBM）動員不同階層的員工參與「Life M.A.S.T.E.R. 生命啟航計劃」，鼓勵員工擔任生命導師，與青少年分享成長經歷、職涯規劃、面試技巧等各方面的人生經驗，擴闊青少年的眼界。[48]此外，怡和科技（香港）有限公司通過「織網牽情」計劃，為前路感迷茫的年青人舉辦「電腦及電子初階證書課程」，以助隱蔽年青人發掘興趣及規劃職志，能夠儘早與社會接軌。[49]

經濟效益

根據聯合國開發計劃署報告，到 2050 年，能源系統的綠色化改造將為全球 GDP 帶來 98 萬億美元的增長，使 GDP 增長比當前計劃高 2.4%。[50] 此外，麥肯錫全球研究院在 2015 年報告中指出，到 2015 年，在商業領域上實現性別平等，將使全球經濟額外增長 12 萬億至 28 萬億美元。[51]

哥本哈根共識中心（Copenhagen Consensus）亦從 169 項聯合國可持續發展具體目標中，篩選出最關鍵的 19 項目標作研究，發現每投資 1 美元在這些項目上，將在人類、地球和經濟產生 15 美元收益。[52]

環境效益

時至今日，不少企業的環保意識已有所提高，明白到業務對大自然造成嚴重破壞的話，長遠來說是得不償失的，所以它們都致力減少對環境的負面影響，思考如何將產業轉向至可持續發展的模式。

以知名跨國企業宜家家居（IKEA）為例，作為木材用量最高的零售商之一，深知這些寶貴的天然資源並非取之不竭，所以十分注重木材的可再生及可重複利用，務求善用木材。IKEA 不但遵從嚴格採購準則，亦定下全面轉用來自可持續來源木材的目標，當中包括回收木材及經森林管理委員會認證的木材。目前，IKEA 不但是全球採購經認證木材最多的零售

商，也與世界自然基金會一樣，是森林管理委員會的創會成員，攜手推廣盡責木材貿易，保護自然環境。[53]

此外，要實現可持續發展目標，全球所需的的資金和資源，其中三分之二是來自私營機構，[54] 可見商界從中扮演著十分重要的投融資角色。今天，不少企業都通過參與基金會，為公益環境項目提供資金和資源支持，從而實踐可持續發展理念。

如中國石油屬下的中油資產管理有限公司，2018 年與油氣行業氣候倡議組織（Oil and Gas Climate Initiative, OGCI）氣候投資基金簽署協議，合作成立氣候投資中國基金，支持及推動企業開發低碳技術和業務解決方案，為改善生態環境貢獻一份力量。[55]

機構分享：

荷蘭合作銀行

香港品質保證局「香港可持續發展金融大獎 2020」
傑出綠色貸款結構顧問——最大規模單一綠色貸款（鋼鐵業）

可持續發展融資對銀行業及其客戶來說漸趨重要。環球政策官員、監管機構、企業及金融業均視之為實現「聯合國 2030 年可持續發展議程」的核心「可持續發展目標」。荷蘭合作銀行的可持續發展計劃旨在透過與客戶互動協作，支持他們推行別具意義的可持續發展項目，從而提升可持續發展產品及服務的相對比重。銀行提供的可持續融資方案有助客戶實現針對特定行業的可持續發展目標，減少碳足跡，共同創建更美好的世界。

擔任中國東方集團控股有限公司總值一億美元創效貸款的協調銀行

荷蘭合作銀行和另一家歐洲銀行是首宗與中國煉鋼廠有關的可持續發展交易。隨著中國國務院推出「藍天計劃」及收緊環保法規，中國東方集團奉行可持續發展的商業模式，並提出各種可持續發展措施，包括嚴格的環境合規、節能和淘汰過時的設施。該集團向旗下位於河北省唐山市的煉鋼設施投放這筆創效貸款，進行環境升級投資後，該煉鋼設施將符合及超越國家針對二氧化硫、氮氧化物和粉塵顆粒三種主要污染物所頒布的嚴格排放標準。中國所有煉鋼廠必須在 2020 年底達到當局規定的目標。

設計貸款息差激勵機制 推動客戶提升可持續發展表現

基於中國東方集團控股有限公司業務性質，放貸方設計了貸款息差激勵機制，以推動其提前實現目標及取得優於同業的表現。放貸方就硫、氮及粉塵排放量制訂關鍵績效指標，以其要求亦較國家針對數項獲得這筆貸款的升級設備（燒結廠、發電機、石灰岩熔爐等）的規定水平嚴格 10%。若中國東方集團的任何一項設備未能達到關鍵績效指標，隨後一季的息差將會上調；相反，若其設備能夠符合關鍵績效指標，息差則會下調。關鍵績效指標每季度考量一次，並據此調整激勵或溢價水平，而獨立測量師將負責核實設備的排放量。

此外，除了獲得香港品質保證局「綠色金融認證計劃」的認證外，該筆貸款亦符合多個國際認可標準，例如 ISO26000：2010、聯合國氣候變化框架公約的「清潔發展機制」、貸款市場協會（LMA）的「綠色貸款原則」及國際資本市場協會（ICMA）的「綠色債券原則」。

機構分享：

中國東方集團控股有限公司

香港品質保證局「香港可持續發展金融大獎 2020」
傑出綠色貸款發行機構——多數量綠色貸款（鋼鐵業）
傑出綠色貸款發行機構——多元綠色框架、整體綠色貸款（鋼鐵業）

中國東方集團控股有限公司一直以綠色發展為核心原則與目標，秉承「節能降耗，預防污染，實施清潔生產；遵紀守法，持續改進，造福人類社會」的環境管理方針，積極發展循環經濟，貫徹落實國家節能減排政策，致力於減少生產經營活動帶來的廢氣排放和資源消耗，積極發展循環經濟。2019 年，津西鋼鐵編制了《環保管理制度》，以「環保設備正常運轉率達到98%，污染物100% 達標排放，嚴重特大環境污染事故為零」為環境管理目標，進一步強化環境管理。

響應政策及環保需要 助力生態文明建設

集團於河北津西鋼鐵集團股份有限公司現有設備升級改造項目，將用兩台 2,000m3 的高爐、兩台 150t 的轉爐以及輔助設備替換現有的八台 500m3 高爐和六台 50t 轉爐以及現有的輔助設備。

集團實施了多項氣體減排項目，2019 年廢氣總排氣量較 2018 年減少了 7,592 噸，下降 74.7%；集團亦積極回收生產過程中產生的熱能與高爐煤氣，減少燃料與外購電消耗，降低溫室氣

體排放，2019 年溫室氣體排放量相比於 2018 年減少 22.8 萬噸。

在節約能源方面，中國東方集團建立並實施符合 GB/T23331-2012《能源管理體系要求》及 RB/T103-2013《能源管理體系鋼鐵企業認證要求》的能源管理體系，2019 年集團總能耗量相比於 2018 年減少了 164.7 萬 MWh。與此同時，本集團利用多項前沿技術，優化生產設備，提高能源效益及有效降低能源消耗，其中津西鋼鐵採取的措施包括：利用低壓蒸汽代替空調製冷；通過豎冷窯球團餘熱鍋爐吸收高溫豎爐球團的熱量，產生的蒸汽用於發電或其他技術用途；對軋鋼加熱爐強化熱輻射節能技術改造，在爐頂和側牆安裝節能元件，強化爐膛內輻射傳熱效率；使用全國首台超高溫高電壓的發電機組，其經濟型、節能型、環保型的整體設計達到國內領先地位。

在節約用水方面，津西鋼鐵採用 150m3/h 的反滲透處理系統處理濃鹽水，並使用納濾裝置再次處理，處理後的淡水導入至用水系統或其他用水單元再利用，大大減少了對新水的消耗。津西鋼鐵還採用 3 級用水，按指標合理控制補水量，對各部門用水進行分級管理等，減少了噸鋼耗新水用量。2019 年集團用水量相比於 2018 年降低了 317.7 萬噸，降幅為 16.3%。

獲香港品質保證局認證 有助提升項目公信力及集團商譽

中國東方集團建立了符合 ISO14001 標準的環境管理體系,以及「中國東方集團綠色金融框架」以實施綠色貸款募集資金政策以及管理綠色項目,並獲香港品質保證局頒發「綠色金融認證」。集團此次能獲得認證,有助於推動集團綠色品牌建設,提升綠色項目的公信力與集團商譽;將助力集團進一步獲得投資者的支持,拓寬集團的融資管道,繼而優化資源配置,推動集團向環境保護目標邁進。

第 八 章

展望未來

聯合國報告：
塑造未來的五大趨勢

2019 年新冠疫情危機，從最初的公共衛生突發事件，日漸演變成嚴重的全球性災難，亦威脅著可持續發展已取得的成果。儘管這場疫情帶來巨大的破壞力，但如前文所述，我們亦可借此重大契機，構建一個嶄新的社會經濟面貌，以助全球回歸到可持續發展的進程中。

世界銀行行長戴維·馬爾帕斯（David Malpass）在 2021 年倫敦經濟學院發表的春季會議上強調，為了修復疫情造成的損失，實現可持續的經濟增長，各國應採取綠色、韌性和包容性的綜合性長期策略。[1] 世界銀行集團和國際貨幣基金組織（International Monetary Fund），亦於今年聯合啟動關於可持續和包容性經濟復蘇與增長的高級別諮詢小組，進一步為未來的可持續經濟發展開闢道路。[2]

全球人類面對的轉變

不少國際知名的研究機構和高瞻遠矚的商界領袖，都深入分析後疫情時代的重大趨勢，探討企業、政府如何應對這些新的挑戰和機遇，實現經濟增長，助力可持續發展目標的實現。聯合國亦在 2020 年的報告中，總結了五種塑造未來的發展趨

勢，包括氣候變化、人口變化（特別是人口老齡化）、城市化、數碼技術的出現和不平等現象。其中，人口變化、城市化和數碼技術的創新是人類進步的體現，而氣候變化和不平等則是原應避免的，但因為政策不完善而得此結果。[3]

這些未來趨勢從宏觀視角，解讀全人類所面對的轉變，除了需要政府從國家層面採取措施，進行引導和調整，也有賴商界和社會大眾的積極支持，方可轉危為機。

氣候變化

氣候變化和環境惡化需要所有國家有意識地改變生活方式，採用清潔的生產方式，以及提高能源使用效率。該報告指出，在從化石燃料過度到清潔和可再生能源的進程中，各國政府需要利用基於市場和價格的激勵制度，例如碳定價和取消化石燃料補貼等政策，緩解和適應氣候變化，實現國家氣候行動議程。此外，多邊銀行和國家開發銀行亦扮演著重要角色，協助調動資金（包括私營金融機構的資金），為經濟發展的可持續性籌集充足資源。

比爾・蓋茲在《如何避免氣候災難》一書中亦強調政府政策的重要性。他指出，在全球經濟去碳化的過程中，可能包含不少大型推動計劃，我們十分需要政府發揮重要功用，打造適當誘因。[4] 他還具體地提出了幾個重要目標：

· 政府應帶頭投資可持續發展相關項目，待獲利模式成熟後，鼓勵私營機構接手，參與投資和研發。

- 設立創新的政策，營造公平的競爭環境，推出碳稅或降低綠色溢價方式，鼓勵生產有競爭力的無碳替代品，減少使用碳排放產品。

- 相關政策及標准應與時俱進，涵蓋最新的綠色技術，滿足市場對零排放的需求。

- 在綠色低碳轉型的過程中，政府的政策應因地制宜，考慮到化石燃料的高薪行業被新能源所取代的現實難度。

- 為了應對氣候變化，擺脫對化石燃料的依賴，政府需要擬定相關政策，調動及投入資金，推動技術創新，塑造市場體系，進而促進低碳新經濟。

為應對氣候變化，除了需要政府營造公平的營商環境，設立配套的政策及標準支持外，企業亦可發揮影響力，為緩解氣候變化貢獻一份力量。比爾·蓋茲倡議私營機構可以從以下步驟參與。比如，在公司內部設立碳稅，減少綠色溢價活動；在企業決策時，優先考慮低碳解決方案，比如購買低碳材料來翻修辦公樓以及使用可再生能源提供日常辦公所需用電。最後，企業可以為政府的產業研究提供實務建議，以及為低碳科技創新人士提供資助和開放試驗設施資源。

人口變化和人口老齡化

聯合國 2020 年報告亦指出，因生育率降低和預期壽命延長，人口趨勢呈現人口老齡化和人口年齡結構的變化。勞動年齡

人口不斷萎縮，應在就業中消除女性參與工作的障礙，以及年齡有關的歧視，並通過對老年人開展新技術的培訓，提高生產率，進而促進包容性經濟增長。

城市化

報告指出，政府應致力配合城市化所帶來的機遇，優先發展能提高城市生產力的投資，構建一個多樣化及經濟功能互補型的城市體系。在減少費並支持循環消費方面，政府可以實施干預措施，鼓勵市場運作，比如鼓勵廢物收集、回收及再用。

數碼技術

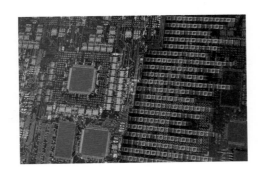

該報告表明，隨著數碼技術的高速發展，數碼紅利和數碼鴻溝並存，亟待各國和國際社會加強監管和制定政策框架，為企業在融

資和人力資本方面提供便利，並協調眾多持份者，包括國際組織、地方政府、通訊服務提供商、以及硬件和軟件製造商等。此外，應降低數碼化帶來的負面影響，包括加強對消費者信息保護的法規、解決數碼經濟中的市場操縱等方面。

不平等

報告認為，在國家層面，改善不平等現象，都應從三個方面著手，即促進機會平等、增加再分配和解決歧視。第一組中的政策旨在促進市場收入分配的公平，第二組則影響可支配收入的分配，而第三組重點在於解決偏見並促進弱勢群體參與經濟、社會和政治的政策。

麥肯錫報告：
商界未來發展趨勢

除了聯合國報告，國際著名管理諮詢公司麥肯錫（McKinsey & Company）亦在 2021 年行業研究中，預視了未來商界發展的趨勢，值得企業結合自身可持續發展情況參考，順勢把握機遇，為全球整體的可持續發展作出貢獻。[5]

綠色復蘇

在後疫情時代，綠色已成為各國經濟復蘇的主色調。歐盟計劃從 8800 億美元新管疫情救助計劃中分配 30% 的資金到與氣候變化相關的措施中，其中涵蓋發行至少 2400 億美元的綠色債券。日本和中國亦分別承諾在 2050 年和 2060 年實現碳中和。

中國金融學會綠色金融專業委員會主任馬駿博士，也在 2021 年世界經濟論壇上表示，疫情期間和之後，全球各國相繼推出的大規模的財政和金融刺激計劃，是投資發展綠色項目的重要時機，這些項目更決定了未來幾十年的環境和氣候足跡。[6] 企業應積極管控氣候風險，回應投資者及國家政策對可持續發展的要求，融入綠色經濟的發展機會中。

關注與持份者關係

為增加持份者對企業持續發展的信心，它們會更重視 ESG 方面的長期策略。麥肯錫針對 615 家美國上市公司 2001 年至 2015 年的表現研究後發現，關注與持份者關係的企業，在利潤、營收、投資和就業增長方面優於其他企業。

先進技術助推第四次工業革命

人工智能（Artificial Intelligence, AI）和數碼化技術的高速發展，推動生產力的提升，加快第四次工業革命的發展。同以往革命性技術相比，從概念雛形到真正轉化運用到市場運營中，至少需要 10 年，但新冠疫情讓人工智能和數碼化領域的轉型速度大幅提升 [7]，其中亞洲地區更為顯著。

疫後新常態

新冠疫情激發了數碼化技術領域的創新，新增企業比同期增長較多。其中，美國在 2020 年第三季度，新公司增加了 150 多萬，是 2019 年同期的 2 倍之多；法國 2020 年 10 月則新增 8.4 萬家企業，較上一年度高出百分之二十。

此外，疫情引發了消費模式從傳統零售到電子商務的轉變。歐洲數碼化應用從疫情前的普及度 81%，增至 95%。德國、羅馬尼亞、瑞士在疫情前作為網購滲透率排名後三位的國家，在疫情暴發後，網購增量分別為 28%、25% 和 18%，遠超過其它市場。

值得關注的是，疫情暴露了企業供應鏈的脆弱性。供應鏈中斷，嚴重影響了企業的正常營運。企業將借由 AI 和數據分析技術的賦力，增加對全價值鏈的管控，尤其是確認二級和三級供應商業務連續性情況。

最後，麥肯錫研究發現，生物革命（涵蓋生物系統、生物分子、生物機器和生物計算等技術）在未來將釋放巨大潛力。新冠疫苗採用的 mRNA 技術只是醫療領域中的一個案例，報告估計，45% 的全球疾病將可用當今可預見的科學能力來解決。生物革命亦可應用於實體材料的生產，比如利用基因工程生產的微生物創造生物燃料等。

商業趨勢與可持續發展息息相關

上述聯合國報告和麥肯錫研究所提及的發展趨勢，其實都與可持續發展息息相關。[8] 氣候變化和綠色復蘇影響多個可持續發展目標，比如目標 13（採取緊急行動應對氣候變化及其影響）、目標 6（清潔飲水和衛生設施）以及目標 7（經濟適用的清潔能源）等。人口老齡化和勞動年齡人口萎縮，將影響目標 5（性別平等）的發展，如果女性在就業市場中獲得公平

對待，以及增加對老年人再就業的職業培訓，將有助於提高社會整體生產率。

此外，在各個領域的科技進步是提高生產力、提升資源利用效率的關鍵要素，因此亦將大大影響可持續發展目標的進程，比如目標 13、目標 14（保護和可持續利用海洋）以及目標 9（促進包容性的可持續工業化和創新）等。

特區政府的規劃：
香港的可持續發展路向

如前文所見，與國際其他城市比較，香港的經濟發展較爲突出，而社會民生、資源環境、消耗排放和治理保護方面，在不少措施政策的推動下，都有顯著的進步。

然而，若要加快全球實現可持續發展目標，香港仍需付出努力，從多方面著手，完善「一國兩制」實踐，提升管治效能，爲經濟和社會的可持續發展建立長遠和穩定的基礎。

針對氣候變化議題，香港特區政府環境局在 2017 年就《巴黎協定》發布了《香港氣候行動藍圖 2030+》報告，為香港環境及可持續發展訂定了清晰的目標。[9] 近日，環境局公布更新版的《香港氣候行動藍圖 2050》，提出「淨零發電」、「節能綠建」、「綠色運輸」和「全民減廢」四大減碳策略和措施，帶領香港邁向碳中和。[10]

2020 年，特區行政長官林鄭月娥在施政報告中已為香港在可持續發展上訂立了長遠的目標。當中包括善用本地行業和地區優勢，創造經濟機遇；構建低碳及能抵抗氣候變化的經濟體系；還有增加社福和醫療資源、創造就業機會等。[11] 她在

2021 年的新一份施政報告中，進一步提出多項措施，以增加房屋及土地供應、注入經濟新動力、建設宜居城市、改善民生等，深化了可持續發展的理念。[12] 以下我們將根據施政報告提及的多個方面，前瞻香港的發展機遇和方向。

房屋及土地

政府提出多項措施增加房屋與土地供應，包括計劃未來十年提供 330000 個公營房屋單位，將過渡性房屋單位的供應量由 15000 個增至 20000 個，加快龍鼓灘及馬料水的近岸填海計劃，推動西環邨、馬頭圍邨及大坑西邨重建計劃，以及釋放祖堂地的發展潛力等。此外，政府也提出發展「北部都會區」願景，建設國際創新科技中心。整個都會區將可容納約 250 萬人居住，提供 65 萬個職位。[13]

經濟新動力

憑藉「一國兩制」的優勢，香港可進一步強化其國際經濟貿易中的「中介人」角色。透過參與大灣區的發展，一方面積極融入國家發展，放眼內地市場機會，另一方面擔當著國際與內地經濟循環接軌的橋樑，發揮香港獨有的經濟地位和作用。並且，開拓更多市場機遇，如推動私募基金、保險和強積金、綠色和可持續金融等市場發展，加強區內競爭優勢，鞏固香港國際金融中心的地位。

誠然，香港具備豐富的國際經貿經驗和專業人才，在「一帶一路」戰略上擔當著重要的角色。除了鼓勵香港企業利用內

地於海外建設的經貿合作區開展業務外，特區政府亦計劃展開「內地企業伙伴交流及對接計劃」，深化兩地建設能力。在大灣區發展方面，2019 年公布的《粵港澳大灣區發展規劃綱要》，確立香港在大灣區及國家的戰略角色，而香港亦不斷發揮其重要作用，鞏固其國際金融、綠色金融及貿易中心的地位。特區政府計劃加強與灣區內其他城市的合作，增加跨境基礎設施建設，共同發展及培訓創新及科技專業。[14]

而維港都會區，亦會擴大至包括「明日大嶼願景」的交椅洲人工島填海。未來，北部都會區重點發展創科，將與支撐着香港國際金融中心地位的維港都會區互補，推動香港未來發展。

建設宜居城市

在交通運輸方面有兩個重點的發展方向。其一，是提升本地交通基建，包括與港鐵公司展開和落實多項新鐵路項目，以及進行全面的交通運輸策略性研究。透過創新科技和數據分析，有效地分配交通資源，推動可持續發展。其二，是發展環保交通。以九龍東為試點，在區內推行「多元組合」模式的環保連接系統，透過新增巴士和小巴路線；發展自動行人道網絡；以及建置水上的士站等措施，提升區內可步行性和可持續發展。

近年，香港在改善空氣質素、保育生態、節能減碳、轉廢為材和污水處理等方面，都取得不少進展。未來，特區政府除會推出「低碳綠色科研基金」，創造綠色就業及經濟機遇外，亦將因應廢物管理、電動車普及化，以及空氣質素改善的長遠策略藍圖，訂下具體的目標和行動方案；同時加強生態文明建設，逐步收回數百公頃魚塘和濕地作優化，提升米埔及內后海灣濕地共約 2000 公頃保育用地的生態功能，加強香港濕地的保育工作。

此外，政府以 2050 年前實現碳中和為目標，發掘更多減碳方案，包括發展綠色金融促進減碳投資、建立更具氣候變化抵禦力的經濟體系、加強與企業的合作等，多管齊下推動香港進行低碳轉型。政府將成立氣候變化與碳中和辦公室，協調《香港氣候行動藍圖 2050》所訂工作，以邁向碳中和目標。[15]

至於廢物管理方面，儘管《2018 廢物處置（都市固體廢物收費）（修訂）條例草案》仍未通過，政府在廢物回收及轉廢為材方面已推出了不少計劃，例如「廢紙收集及回收服務」計劃。未來，政府亦會針對本地廢紙回收，尋找更多元化的出路。[16]

改善民生

政府將會為本地福利及醫療人手投入更多資源，例如用於社會福利的經常開支由 2017-18 年度的 653 億元，大幅上升至 2021-22 年度的 1057 億元，四年間增幅達 62%；亦採取多項措施增加醫療人手，包括持續增加大學教育資助委員會資助院校及自資院校的本地醫療培訓學額，以及引入非本地培訓醫療人員，以支援醫療服務發展。

此外，政府亦將繼續發展綠色和創科行業，製造就業機會，培育更多相關行業的專才，例如將投資一系列綠色環保項目，可創造 4000 個涉及科研、回收及運輸等領域的就業機會。[17]

香港品質保證局：
努力不懈 朝向可持續發展

綜合以上的國際研究分析和政府發展規劃，可見應對氣候變化、綠色和可持續經濟、人口老齡化、疫後新常態及數碼化技術創新等已成大趨勢。對於全球社會和商界未來的可持續發展而言，都是十分重要的課題。

香港品質保證局作為推動可持續發展的先驅，已將相關理念融入核心服務中，並銳意發揮自身的專業優勢和功能，提供更多解決方案予企業及社會，以配合國家和香港特區政府施政及回應民生需求，與各界一起應對未來不同的挑戰。

早於 1997 年，香港品質保證局已提供 14001 環境管理體系認證服務，並於 2004 年積極研究社會責任及可持續發展課題，制定長遠的發展方向，繼而在 2007 年及 2011 年提供 ISO 14064 溫室氣體排放核查和 ISO 50001 能源管理體系認證服務，致力協助商界應對氣候變化的挑戰；同時亦積極開發多元化專業服務，推動企業提升 ESG 和可持續發展表現，如在 2008 年推出「HKQAA 社會責任指數」，自 2014 年起為「恒生可持續發展企業指數系列」就上市公司的可持續發表現提供評級服務，在 2018 年制定「綠色金融認證計劃」，其後於 2019 和 2020 年伸延至綠色基金和 ESG 基金，以及在

2021 年進一步推出「綠色和可持續金融認證計劃」，以配合國家和香港特區政府的綠色經濟發展方針，支持香港發展成為區內的綠色和可持續金融樞紐。

在新冠疫情爆發後，香港品質保證局亦迅速推出有關防護口罩、衞生防疫、抗疫金融認證及健康社區大使註冊等計劃，引入新版的 ISO 22301 營運持續管理體系，支持商界及社區應對新常態下的各種挑戰。為配合數碼化、金融科技等技術創新議題，香港品質保證局除了推出信息安全管理、初創企業等範疇的合格評定服務外，亦與金融科技業界合作，促進開放銀行生態系統的發展。

此外，香港品質保證局與區內不同政府部門及機構合作，推動業界在灣區制造及服務評定、樓宇可持續發展指數評定、綠色屋苑、綠色金融、碳中和、氣候金融風險等範疇的發展，並計劃在大灣區推出更多嶄新服務。而隨著社會邁向老齡化，香港品質保證局亦開發了有關安老服務及無障礙管理的認證計劃，以配合社區的需要。

一起發揮協同效應 締造更美好將來

展望將來，香港品質保證局將繼續秉承使命，制定宏遠的可持續發展策略，倡議解決式思維，開發更多具前瞻性的服務，並透過知識分享和技術轉移，推動各行各業在新常態下持續進步，攜手締造可持續發展的營商和社會環境。中國作為世界的重要經濟體和人口數量最多的國家，將在大趨勢中擔當重要的領導角色。而扮演連接內地與世界市場重要橋梁的香

港特區，亦可從經濟、社會、環境等多個領域中著手，與內地協同推進可持續發展步伐，同時積極發揮國際金融中心的獨特性，引領市場資金支持環保和社會發展項目。

在協同效應下，香港品質保證局將致力發揮配對角色，讓社會上的資本及資源得以連結善用，協助政府、工商各界及專業團體等融入全球綠色可持續的發展趨勢中；同時，亦配合社會及業界的人才發展需要，建構網上平台，促進技術交流和專業培訓，與各方一起在綠色和可持續發展的跑道上啟航，群策群力，為香港、為國家、為全世界建設更美好的未來！

參考資料

第一章：放眼可持續發展 應對全球性危機

1. 《實現「行動十年」計劃的關鍵領導力特質》，聯合國全球契約組織與羅盛咨詢的聯合調研，2020

2. COVID-19 全球疫情統計數字專頁，世界衛生組織官方網站，截至 2021 年 10 月 7 日

3. 〈聯合國：新冠疫情可能導致人類發展自 1990 年以來首次出現衰退〉，聯合國新聞官方網站，2020 年 5 月 20 日

4. 《超越復蘇：走向 2030》，聯合國開發計劃署，2020 年；「新冠大流行後的世界應超越復蘇走向可持續發展——專訪聯合國開發計劃署助理秘書長徐浩良」，聯合國新聞官方網站，2020 年 7 月 8 日

5. Implications of the COVID-19 Pandemic for Global Sustainable Finance, UNDP, May 2020

6. 〈財政司司長在香港經濟峰會 2021 致辭全文〉，2021 年 3 月 23 日，政府新聞公報

7. Bill Gates: The next outbreak? We're not ready, TED Talk, March 2015

8. Bill Gates Warns That a Next Pandemic Could Be 10 times Worse, Entrepreneur Asia Pacific, January 28 2021; Bill Gates: Climate change could be more devastating than Covid-19 pandemic - this is what the US must do to prepare, Jan 8 2021, CNBC

9. 〈衡量自然的價值——趁為時未晚〉，聯合國氣候行動官方網頁，2021 年 6 月 8 日

10. 《中國企業可持續發展目標實踐調研報告》，聯合國開發計劃署，2020 年 7 月 17 日

11. COVID-19 accelerates ESG trends, global investors confirm, Principles for Responsible Investment, 3 September 2020

12. Sustainable Funds Continue to Rake in Assets During the Second Quarter, Morningstar, 30 July 2020; Sustainable investing: resilience amid uncertainty, Blackrock, 2020

13. PwC plans $12-billion investment for 100,000 new jobs, says report, Business Standard, 16 June 2021

14. 〈投入新資源 開拓新市場〉，財庫論網誌，2021 年 5 月 9 日

15. 〈低碳轉型與金融機遇〉，財政司司長隨筆，2021 年 5 月 16 日

16. United Nations - Implications of the COVID-19 Pandemic for Global Sustainable Finance, United Nations Environment Programme, May 2020

17. The Discrepancy Between Countries' Planned Fossil Fuel Production and Global Production Levels Consistent with Limiting Warming to 1.5 C or 2 C, Production Gap; 《超越復蘇：走向 2030》，聯合國開發計劃署，2020 年

18. HKQAA 網上專題研討會「可持續發展金融．香港 2020」，明報，2020 年 11 月 18 日

19. 《與自然和平相處：應對氣候變化、生物多樣性喪失和污染危機的科學藍圖》，奈洛比，聯合國環境規劃署，2021

20. 〈聯合國啟動海洋十年倡議 秘書長古特雷斯呼籲「與自然和平相處」〉，聯合國官方網頁，2021 年 2 月 3 日

21. 《地球生命力報告 2020：扭轉生物多樣性喪失趨勢》，Almond, R.E.A.、Grooten, M. 及 Petersen, T. 編，瑞士格蘭德：世界自然基金會，2020

22. 〈聯合國：1990 年至今全球共失去 1.78 億公頃森林 但損失速度已顯著放緩〉，聯合國官方網頁，2020 年 7 月 21 日

23. 〈聯合國糧農組織發布報告：聚焦全球水資源短缺挑戰〉，2020 年 11 月 27 日，中國新聞網

24. 〈聯合國：重度糧食不安全飆升至五年來最高水平，至少 1.55 億人陷入重度糧食不安全狀況〉，2021 年 5 月 5 日，聯合國新聞

25. 《與自然和平相處：應對氣候變化、生物多樣性喪失和污染危機的科學藍圖》，奈洛比，聯合國環境規劃署，2021

26. 〈氣候變化的原因〉，香港天文台網站

27. 〈「團結在科學之中」報告：氣候變化並未因 COVID-19 而止步〉，世界氣象組織，2020 年 9 月 9 日

28. 〈以「海洋、我們的氣候和天氣」為題紀念世界氣象日〉，2021 年 03 月 22 日，世界氣象組織

29. 2020 Was a Year of Climate Extremes. What Can We Expect in 2021?, Time, December 2020

30. 〈儘管實施了 2019 冠狀病毒病疫情封鎖，但二氧化碳水平仍處於創記錄水平〉，世界氣象組織，2020 年 11 月 23 日

31. 〈聯合國最新報告顯示氣溫上升已危險地接近 1.5 攝氏度的上限〉，聯合國官方網站，2021 年 8 月 9 日

32. World economy set to lose up to 18% GDP from climate change if no action taken, reveals Swiss Re Institute's stress-test analysis, Swiss Re, 22 April 2021；〈研究：氣候變化或致全球經濟縮 18%〉，信報，2021 年 4 月 23 日

33. 〈保險減輕自然災害造成的財產損失〉，香港保險業聯會官方新聞網頁，2019 年 8 月 1 日

34. 〈全球氣候變化〉，香港天文台官方網頁

35. 〈全球氣候變化〉，香港天文台官方網頁

36. 〈全球氣候變化〉，香港天文台官方網頁

37. UN report identifies where global harvests will rise and fall by 2050, CNBC, 17 September 2018

38. 〈極端天氣近期在全球多地出現 背後有無共性原因？〉，新華網，2021 年 7 月 22 日；〈河南鄭州千年一遇暴雨致 25 死 7 失聯〉，經濟日報，2021 年 7 月 21 日

39. Let's Talk About Climate Migrants, Not Climate Refugees, 6 June 2019, United Nations official website

40. 〈极端降水事件频发引起铁路灾害敏感性增大〉，中國科學報，2021 年 5 月

41. 〈德州歷史性大停電後 巴菲特擬斥資 83 億美元協助修復電網〉，搜狐，2021 年 3 月 26 日

42. 〈拜登宣布 2 兆美元基礎建設計劃：這不是隨便的大撒幣！打造全世界最強大的創新型經濟體〉，關鍵評論，2021 年 4 月 2 日

43. A Fifth of Food-Output Growth Has Been Lost to Climate Change, Bloomberg, 2 April 2021

44. 〈氣候變化恐令 5 類食物消失！〉，香港經濟日報，2019 年 7 月 28 日

45. Why the world should pay attention to Taiwan's drought, BBC News, 20 April 2021

46. UN Secretary-General Presents 10 Priorities for 2021, The International Institute for Sustainable Development (IISD), 3 February 2021

47. 〈變革我們的世界：2030 年可持續發展議程〉，聯合國官方網頁

48. Remarks to Member States on Priorities for 2021, United Nations Secretary-General, United Nations official website, 28 January 2021

49. COVID-19 and Global Income Inequality, Deaton, Angus, 2021 NBER Working Paper 28392. National Bureau of Economic Research, January 2021

50. 《2020 年信任度調查報告》全球報告，愛德曼，2020 年 1 月

51. 《2019 年可持續發展目標報告》，聯合國，2019

52. 《2019 年可持續發展目標報告》，聯合國，2019

53. 〈印度博帕爾毒氣洩漏事件〉，《世界環境》雜誌，2012 年 8 月 29 日

54. 《實現「行動十年」計劃的關鍵領導力特質》，聯合國全球契約組織與羅盛諮詢的聯合調研，2020

55. 《實現的十年：商業行動的號召》，聯合國全球契約組織與埃森哲戰略 CEO 可持續發展研究，2019

第二章：可持續發展概念的進程

1. Mebratu D. Sustainability and sustainable development: historical and conceptual review[J]. Environmental Impact assessment Review, 1998, 18(6): 493-520

2. 《可持續發展理論：概念演變、維度與展望》，張曉玲，中國科學院院刊，2018，33(1)：10-19

3. Supplement: Population and Resources in Western Intellectual Traditions, Population and Development Review, 1988, Vol. 14pp. 281-309

4. 〈人類承載力研究面臨的困境與原因〉，張林波、李興、李文華、王維、劉孝富，生態學報，2009 年 2 月

5. Rachel Carson: Witness for Nature. Lear, Linda. New York: Henry Holt and Company, 1997, pp. 412-20

6. The Globalization of World Politics (3rd ed). John Baylis, Steve Smith, Oxford, Oxford University Press. 2005, p.454-455

7. 《西方可持續發展理念的形成線索及軌跡研究》，王世奇，可持續發展，2019，9，103-110

8. 《西方可持續發展理念的形成線索及軌跡研究》，王世奇，可持續發展，2019，9，103-110

9. 〈千年發展目標〉，聯合國官方網頁

10. 〈從前年目標走向可持續發展〉，新華網，2015 年 9 月 27 日

11. Cannibals with Forks: the Triple Bottom Line of 21st Century Business, John Elkington, August 31, 1999

12. 〈ESG 發展源起：什麼是 ESG 永續投資？〉，鉅亨基金研究中心，2021 年 3 月 17 日

13. 〈歐洲 ESG 市場投資實踐分析〉，施懿宸等，中央財經大學綠色金融國際研究院，2020 年 11 月 26 日

14. 恒生指數網站

15. 〈CSR 報告和 ESG 報告一樣嗎？〉，商道融綠，2015 年 12 月 8 日

16. Policymakers, BigFintechs and the United Nations Sustainable Development Goals, UNDP and UNCDF; Measuring Stakeholder Capitalism Towards Common Metrics and Consistent Reporting of Sustainable Value Creation, World Economic Forum, September 2020; Linkages between ISO 26000:2010 and the Sustainable Development Goals (SDGs), ISO 26000，7 February 2017

17. 「GRI 101」：基礎，GRI，2016

18. 「GRI 標準」，GRI 官方網頁

19. The Equator Principles, June 2013

20. 《負责任投資原則》，PRI

21. 《企業社會責任在香港》，莫國和，香港品質保證局，2011 年 10 月

22. 〈TCFD 氣候相關財務揭露〉，The British Standards Institution 官方網頁

23. 《綠之披露》，投委會，2019 年 3 月 14 日

24. 〈「影響力衡量和管理」解讀 -SASB：推動可持續的商業和投資，創造長期價值〉，另類投資學院，2020 年 7 月 3 日

25. 《看通 ESG 報告（二）了解公司的重大 ESG 事宜》，投資者及理財教育委員會，2020 年 11 月 18 日

26. 國際資本市場協會官方網頁

27. 負責任投資原則官方網頁

28. 〈馬駿：全球綠色金融發展亟須應對五大挑戰〉，中金在線，2016 年 8 月

29. ISO 14030 - Green Bonds, Financial Innovation Laboratory, 7 May 2018；ISO Standards for Investment, Financing and Climate Change, The 2°Investing Initiative;〈ISO 14030 綠色債務工具標準的發展〉，國際標準化組織質量體系技術委員會主席倪國夫博士，《管略》第 71 期，香港品質保證局

30. ISOfocus May-June 2018, International Organization for Standardization

31. 國際標准化組織可持續金融技術委員會（ISO/TC 322）第 2 次全體會議在深圳市召開，中國標準化研究院，2019 年 12 月 16 日

32. 國際標准化組織可持續金融技術委員會（ISO/TC 322）國內技術對口工作組第 1 次會議召開，中國金融學會綠色金融專業委員會，2021 年 3 月 18 日

33. International Organization for Standardization official website

34. 〈國際證監擬制訂全球統一企業氣候報告標準〉，東網，2021 年 06 月 24 日

第三章：全球可持續發展概覽

1. 《聯合國報告：未來 18 個月是全球努力推動復蘇和實現可持續發展目標的關鍵》，聯合國，2021 年 7 月 6 日

2. 《2021 年可持續發展目標報告》，聯合國，2021

3. The Decade of Action for the Sustainable Development Goals. Sustainable Development Report 2021. Sachs et al., Cambridge University Press, 2021

4. 《可持續發展的亞洲與世界》2021 年度報告概要，博鰲亞洲論壇，2021

5. 聯合國統計司的官方網頁

6. 〈可持續交易所——綠色轉型的主力動能〉，施懿宸、鄧潔琳，中央財經大學綠色金融國際研究院，2021 年 5 月 12 日

7. 《巴黎協定》，聯合國官方網頁

8. 《京都議定書》延期 減排承諾受質疑，星島日報，2013 年 1 月 9 日

9. 〈聯合國啟動「可持續發展目標投資者平台」期望釋放數萬億相關投資〉，聯合國官方網頁，2021 年 4 月 14 日

10. 〈可持續發展：中國的行動和中歐的合作〉，中華人民共和國商務部官方網頁，2020 年 3 月 16 日

11. 〈中歐「不約而同」發布綠色金融最新分類標准——引領全球綠色金融發展進入新階段〉，氣候債券倡議組織，2021 年 4 月 21 日

12. 〈中國承諾 2060 年碳中和，香港銀行業有何角色？〉，經濟通，2020 年 10 月 20 日；全球 ESG 政策法規研究——歐盟篇，社會價值投資聯盟，2020 年 5 月 7 日

13. 〈可持續發展：中國的行動和中歐的合作〉，中華人民共和國商務部網站，2020 年 3 月 16 日

14. 《中美應對氣候危機聯合聲明》：制定各自旨在實現碳中和/ 溫室氣體淨零排放的長期戰略，每經網，2021 年 4 月 18 日

第四章：中國可持續發展概覽

1. 〈習近平在世界經濟論壇「達沃斯議程」對話會上的特別致辭〉，新華社，2021 年 1 月 25 日

2. 〈6 張圖帶你了解中國人均碳排放〉，世界資源研究所，2021 年 7 月 14 日

3. 《2020 年排放差距報告》，聯合國環境規劃署，2020

4. 〈持續發展：中國的行動和中歐的合作〉，中華人民共和國商務部官方網頁，2020 年 3 月 16 日

5. 〈新能源行業研究：碳達峰引領，光伏成為主力〉，中國科學院，2021 年 4 月 29 日

6. 〈聯合國環境規劃署發布報告並呼吁：擴大綠色投資 促進可持續發展〉，新浪財經，2021 年 4 月 13 日

7. 〈我國綠色貸款余額多年世界第一〉，國務院新聞辦公室，2021 年 2 月 9 日；「碳中和加速綠色金融發展 改革 4 方面發揮潛力」，香港經濟日報，2021 年 3 月 15 日

8. 《可持續發展藍皮書：中國可持續發展評價報告（2020）》，美國哥倫比亞大學地球研究院

9. 〈2016 城市可持續發展指數〉，清華大學，麥肯錫，2017 年 4 月 13 日

10. 《2016 年中國城市可持續發展報告：衡量生態投入與人類發展》，聯合國開發計劃署，2016 年 11 月

11. 〈繼往開來，開啟全球應對氣候變化新征程——在氣候雄心峰會上的講話〉，新華社，2020 年 12 月 2 日

12. 〈碳中和加速綠色金融發展 改革 4 方面發揮潛力〉，HKET，2021 年 3 月 15 日

13. 〈綠色發展之道〉，KPMG 官方網頁；〈國家綠色發展基金 2020 年正式啟動運營〉，中國金融信息網，2019 年 12 月 27 日

14. 〈中國承諾 2060 年碳中和，香港銀行業有何角色？〉，團結香港基金，2020 年 10 月 20 日

15. 〈人民銀行推進綠色金融國際合作取得積極進展〉，國務院新聞辦公室，2021 年 2 月 9 日

16. 〈G20 可持續金融研究小組恢復設立 央行繼續任聯合主席推動綠色轉型〉，中國清潔發展機制基金，2021 年 3 月 1 日

17. NGFS promotes environmental risk analysis in financial industry, NGFS, 10 September 2020

18. 〈中歐「不約而同」發布綠色金融最新分類標准——引領全球綠色金融發展進入新階段〉，氣候債券倡議組織，2021 年 4 月 21 日；〈中國人民銀行、發展改革委、證監會印發《綠色債券支持項目目錄（2021 年版）》〉，中國證監會，2021 年 4 月 21 日

19. 〈香港「可持續銀行業」有助可持續發展？〉，信報，2020 年 9 月 1 日

20. 《中國企業可持續發展目標實踐調研報告——中國企業與可持續發展基線調研》，聯合國開發計劃署與普華永道（中國）及中國國際商會，2020 年 7 月 17 日

第五章：香港特區的可持續發展現況

1. 〈善用香港優勢 貢獻國家發展〉，政府官方網頁，2021 年 6 月 20 日

2. 〈香港的自然資源及自然保育政策〉，政府官方網頁，2021 年 4 月

3. 〈中國在全球綠色金融發展中處於領先地位〉，香港貿易發展局官方網頁，2019 年 8 月 6 日

4. 〈綠色金融發展與香港的角色〉，香港貿易發展局官方網頁，2020 年 6 月 2 日

5. 〈香港金融服務業概覽〉，香港金融管理局官方網頁

6. 〈中國業務的主要樞紐〉，香港金融管理局官方網頁

7. 〈擁有全球最大的 IPO 集資中心〉，香港交易所官方網頁

8. 〈有關成立綠色和可持續金融跨機構督導小組的聯合聲明」，香港金融管理局，2020 年 5 月 5 日

9. 〈推動綠色金融 實現低碳轉型〉，財政司司長網誌，2021 年 5 月 16 日

10. 〈有關成立綠色和可持續金融跨機構督導小組的聯合聲明〉，香港金融管理局，2020 年 5 月 5 日

11. 回應大灣區規劃綱要《中國大灣區可持續融資的發展機遇研究報告》2019 年——補充文件，香港品質保證局，2019 年 5 月

12. 《中國大灣區可持續融資的發展機遇》，香港品質保證局，2018 年 6 月

13. 〈香港搶抓綠色金融新機遇〉，人民網－人民日報海外版，2021 年 8 月 10 日

14. 《龍行天下》：《30/60》——《新動能》，鳳凰網

15. 香港綠色建築議會官方網頁

16. 香港綠色建築議會官方網頁

17. 《帶領香港成為亞洲 最可持續的城市》，世界自然基金會香港分會，2018

18. 〈港大環境科學研究發現香港人嗜肉致成全球人均最高碳排放地之一〉，香港大學，2018 年 5 月 30 日

19. 世界自然基金會香港分會官方網頁

20. 〈迎戰新高溫 低碳生活由個人做起〉，香港地球之友政策研究及倡議高級經理洪藹誠博士，星島日報，2020 年 01 月 10 日

21. 世界自然基金會香港分會官方網頁；〈推動香港成為亞洲最可持續發展城市的四大機遇〉，世界自然基金會，2016 年 7 月 4 日

22. 〈香港的自然資源及自然保育政策〉，政府官方網頁，2021 年 4 月

23. 行政長官《2021 年施政報告》

24. 《可持續發展藍皮書：中國可持續發展評價報告（2020）》，美國哥倫比亞大學地球研究院，2020

25. The Gross Domestic Product (GDP) in Hong Kong, Trading Economics; The Gross Domestic Product (GDP) in Singapore, Trading Economics; Real Gross Domestic Product (GDP) of the federal state of New York from 2000 to 2020, Statista

26. 行政長官《2020 年施政報告》

27. 〈凱諦思發布《2018 年可持續性發展城市指數》〉，凱諦思官方網站，2018 年 10 月 30 日

28. 〈可持續發展〉，香港政府一站通

29. 香港上市公司碳足跡資料庫網站；香港便覽：環境保護，香港環境保護署網站

30. 「香港都市節能藍圖」闡明 2025 年能源強度減少四成路線圖，政府新聞公報，2015 年 5 月 14 日

31. 香港政務司司長網誌，2019 年 12 月 22 日

32. 〈立法會三題：實現碳中和的目標〉，政府新聞公報，2021 年 5 月 26 日

33. 行政長官《2021 年施政報告》

34. 〈政府公布《香港氣候行動藍圖 2050》〉，政府新聞公報，2021 年 10 月 8 日

35. 諮詢總結：檢討《環境、社會及管治報告指引》及相關《上市規則》條文，香港交易所，2019 年 12 月

36. 〈金管局：多間大銀行將參與氣候變化壓力測試〉，東網，2020 年 7 月 13 日

37. 〈財政司司長出席 2019 財新峰會香港場致辭全文〉，政府新聞公報，2019 年 6 月 10 日

38. 財經事務及庫務局官方網站

39. 亞洲金融論壇「2020 綠色金融和可持續投資的發展機遇」，香港綠色金融協會，2020 年 1 月 14 日

40. 〈金管局公布「綠色和可持續金融資助計劃指引」〉，香港金融管理局，2021 年 5 月 4 日

41. 〈財政司司長出席 2019 財新峰會香港場致辭全文〉，政府新聞公報，2019 年 6 月 10 日

42. 〈立法會三題：實現碳中和的目標〉，政府新聞公報，2021 年 5 月 26 日

43. 〈綠色及可持續金融〉，香港證券及期貨事務監察委員會網站

44. 〈跨機構督導小組宣布推進香港綠色和可持續金融策略的下一步行動〉，香港金融管理局，2021 年 7 月 15 日

45. 〈史美倫稱綠色金融將成為未來全球可持續發展基石〉，香港電台，2021 年 6 月 24 日

46. 〈HKQAA 網上專題研討會「可持續發展金融·香港 2020」〉，明報，2020 年 11 月 18 日

47. 〈HKQAA 網上專題研討會「可持續發展金融·香港 2020」〉，明報，2020 年 11 月 18 日

48. 《成為新世代的公用事業——2020 可持續發展報告》，中華電力，2020

49. 《2020 年可持續發展報告》，港燈電力投資，2020

50. 《環境、社會及管治報告 2020》，香港中華煤氣有限公司，2020

51. 《可持續發展報告 2020》，香港鐵路有限公司，2020

52. 《2019/20 可持續發展報告》，香港機場管理局，2021

53. 恒生可持續發展企業指數系列官方網頁

54. 《香港品質保證局可持續發展評級及研究：2020 年回顧》

55. 恒生可持續發展企業指數系列網站

56. 《兩岸三地藍籌企業參與推動「可持續發展目標」狀況》報告，樂施會，2018

第六章：香港企業如何有效提升可持續發展表現？

1. 《中國企業可持續發展目標實踐調研報告——中國企業與可持續發展基線調研》，聯合國開發計劃署，2020 年 7 月 17 日

2. 〈解密企業社會責任〉，哈佛商業評論，2015 年 1-2 月

3. Total Societal Impact: A New Lens for Strategy, Rich Lesser, Douglas Beal, Robert Eccles, Gerry, Hansell, Shalini Unnikrish-nan, Wendy Woods, David Young, BCG Report, October 2017

4. 〈解密企業社會責任〉，哈佛商業評論，2015 年 1-2 月

5. 〈解密企業社會責任〉，哈佛商業評論，2015 年 1-2 月

6. 〈解密企業社會責任〉，哈佛商業評論，2015 年 1-2 月

7. 〈解密企業社會責任〉，哈佛商業評論，2015 年 1-2 月

8. 〈檢討《環境、社會及管治報告指引》及相關《上市規則》條文〉，香港交易所，2019 年 12 月

9. 〈2020 可持續發展 3 大趨勢〉，CSR Times，2020 年 4 月 29 日

10. What Companies Can Learn from World Leaders in Societal Impact, BCG, 2019

11. ISO 26000:2010 Guidance on Social Responsibility, International Organization for Standardization, November 2010

12. ISO 26000:2010 Guidance on Social Responsibility, International Organization for Standardization, November 2010

13. 《企業社會責任在香港》，莫國和，香港品質保證局，2011 年

14. ISO 26000:2010 Guidance on Social Responsibility, International Organization for Standardization, November 2010

15. 《中國企業可持續發展目標實踐調研報告——中國企業與可持續發展基線調研》，聯合國開發計劃署，2020 年 7 月 17 日；〈解密企業社會責任〉，哈佛商業評論，2015 年 1-2 月

16. 《中國企業可持續發展目標實踐調研報告——中國企業與可持續發展基線調研》》，聯合國開發計劃署，2020 年 7 月 17 日；The Truth About CSR, Harvard Business Review, January-February 2015

17. 〈企業社會責任 CSR 謬誤與真實〉，信報，2017 年 1 月 25 日

18. ISO 26000:2010 Guidance on Social Responsibility, International Organization for Standardization, November 2010

19. 《編製經得起考驗的企業社會責任報告書（上）》，證券服務 633 期，2015 年 1 月；《編製經得起考驗的企業社會責任報告書（下）》，證券服務 634 期，2015 年 2 月

20. ISO 26000:2010 Guidance on Social Responsibility, International Organization for Standardization, November 2010

21. 〈解密企業社會責任〉，哈佛商業評論，2015 年 1-2 月；《中國企業可持續發展目標實踐調研報告──中國企業與可持續發展基線調研》，聯合國開發計劃署，2020 年 7 月 17 日

22. ISO 26000:2010 Guidance on Social Responsibility, International Organization for Standardization, November 2010

23. ISO 26000:2010 Guidance on Social Responsibility, International Organization for Standardization, November 2010

24. 〈收穫社會和商業價值雙贏〉，David Young, Wendy Woods, Martin Reeves, 波士頓諮詢公司

25. 〈ISO 26000 國際知名專家之深入見解〉，香港品質保證局刊物《管略》第 31 期；企業社會責任績效的測量，2012 年第 02-03 期合刊總第 103 期；企業社會責任通信構建研究，WTO 經濟導刊，2018 年 5 月 19 日

第七章：營商投資應重視可持續發展

1. 《實現「行動十年」計劃的關鍵領導力特質》，聯合國全球契約組織與羅盛咨詢的聯合調研，2020 年

2. 〈了解 ESG 匯報幾個精讀重點〉，投委會，2020 年 11 月 18 日；聯合國《2020 年世界經濟形勢與展望》報告，聯合國，2020 年 1 月 16 日

3. 〈全球投資者對 ESG 相關產品需求日益增加〉，中國金融新聞網，2020 年 8 月 20 日

4. 〈ESG 成商學院新科目寵兒？〉，CUP，2021 年 4 月 20 日

5. 《中國企業可持續發展目標實踐調研報告》，聯合國開發計劃署，2020 年 7 月 17 日

6. 《中國企業可持續發展目標實踐調研報告》，聯合國開發計劃署，2020 年 7 月 17 日

7. 〈三項建議促請監管機構加強 ESG 規管〉，香港地球之友官方網站，2020 年 11 月 2 日

8. 法國巴黎資產管理網站；企業環境風險管理調研報告，德勤網站

9. 〈國務院關於加快建立健全綠色低碳循環發展經濟體系的指導意見〉，中國政府網站

10. 〈ESG 發展和趨勢：全球與中國〉，巴曙松，2020 年 9 月 25 日

11. Corporate Social Responsibility - An Implementation Guide for Business, Paul Hohnen, International Institute Sustainable Development, 2007; The Business Case for Corporate Responsibility, Arthur D Little, 2004

12. Financing for Sustainable Development Report 2021, United Unions, 2021

13. Sustainable Investing: Establishing Long-Term Value and Performance, Mark Fulton, Bruce Kahn, Camilla Sharples,Deutsche Bank AG, New York

14. 恆生可持續發展企業指數系列網站

15. 恆生 ESG 指數網站

16. 〈全球投資者對 ESG 相關產品需求日益增加〉，中國金融新聞網，2020 年 8 月 20 日

17. 〈ESG 股票指數期貨：迎合愈益殷切的 ESG 投資需求〉，香港交易所，2021 年 4 月 12 日

18. 「匯萃專家分享可持續發展策略」，信報，2020 年 11 月 18 日

19. Corporate Social Responsibility - An Implementation Guide for Business, Paul Hohnen, International Institute Sustainable Development, 2007; The Business Case for Corporate Responsibility, Arthur D Little, 2004

20. Corporate Social Responsibility - An Implementation Guide for Business, Paul Hohnen, International Institute Sustainable Development, 2007; The Business Case for Corporate Responsibility, Arthur D Little, 2004

21. 《中國企業可持續發展目標實踐調研報告》，聯合國開發計劃署，2020 年 7 月 17 日

22. Corporate Social Responsibility - An Implementation Guide for Business, Paul Hohnen, International Institute Sustainable Development, 2007; The Business Case for Corporate Responsibility, Arthur D Little, 2004

23. Towards a Sustainable Economy - The commercial imperative for business to deliver the UN Sustainable Development Goals, Cambridge Institute for Sustainability Leadership, September 2017

24. Researchers Find That ESG Investing May Benefit Consultants More Than Investors, Forbes, 7 April 2021

25. 《中國企業可持續發展目標實踐調研報告》，聯合國開發計劃署，2020 年 7 月 17 日

26. 《中國企業可持續發展目標實踐調研報告》，聯合國開發計劃署，2020 年 7 月 17 日

27. Public Sentiment and the Price of Corporate Sustainability, Serafeim George, Financial Analysts Journal, 76 (2): 26-46, 2020

28. Sustainable Investing: Establishing Long-Term Value and Performance, Mark Fulton, Bruce Kahn, Camilla Sharples, June 12, 2012

29. Financing for Sustainable Development Report 2021, United Unions, 2021

30. Corporate Social Responsibility - An Implementation Guide for Business, Paul Hohnen, International Institute Sustainable Development, 2007; The Business Case for Corporate Responsibility, Arthur D Little, 2004

31.《中國企業可持續發展目標實踐調研報告》，聯合國開發計劃署，2020 年 7 月 17 日

32.《世界投資報告 2020：疫情後的國際生產》，聯合國貿易和發展委員會，2020

33.《中國企業可持續發展目標實踐調研報告》，聯合國開發計劃署，2020 年 7 月 17 日

34.《SDG 投資理由》，普華永道

35.《中國企業可持續發展目標實踐調研報告》，聯合國開發計劃署，2020 年 7 月 17 日

36. What is sustainable investing?, Blackrock website

37.《ESG 責任投資的理念與實踐（上）》，屠光紹，2019 年 1 月 21 日

38. Is 'Being Green' Rewarded in the Market?: An Empirical Investigation of Decarbonization and Stock Returns, Soh Young In,Ki Young Park, Ashby Monk, 2019

39.《全球責任投資最新發展及啟示》, 上海證券交易所，2017

40.〈綠色金融投資未來 ESG 基金回報逾兩成〉，文匯報，2020 年 11 月 23 日

41.〈港股 ESG 策略抗波動跑贏〉，信報，2021 年 3 月 18 日

42.《SDG 投資理由》，普華永道

43.〈更好的商業，更好的世界〉，商業與可持續發展委員會，2017 年 4 月 13 日

44. Global Renewables Outlook, International Renewable Energy Agency, 2020

45. Greening with Jobs, World Employment Social Outlook 2018, International Labour Organization, 2018

46. Clean Jobs America Report 2019, E2 (Environmental Entrepreneurs), 2019

47. Mean Hourly Wages by Clean Economy Sector 2016, The Brookings Institution, 2016

48. 〈社會資本卓越夥伴獎（企業組別）〉，社區投資共享基金網站

49. 〈十週年卓越夥伴優異獎（企業）〉，社區投資共享基金網站

50. Global Renewables Outlook, International Renewable Energy Agency, 2020

51. 《平等的力量：性別平等如何為全球經擊創造 12 萬億美元的增長》，麥肯錫全球研究院，2015 年 10 月

52. Nobel Laureates Guide to Smarter Global Targets to 2030, Copenhagen Consensus

53. 宜家家居官方網站

54. 《慈善與可持續發展──中國行動 2020》，聯合國開發計劃署，2020

55. 〈OGCI 與中國石油成立氣候投資中國基金〉，中國石油新聞中心，2018 年 10 月 23 日

第八章：展望未來

1. 《構建綠色、韌性和包容性復蘇：世界銀行行長戴維・馬爾帕斯》，世界銀行，2021 年 3 月 30 日

2. 《世界銀行和 IMF 啟動關於可持續和包容性經濟復蘇與增長的高級別咨詢小組》，國際貨幣基金組織，2021 年 6 月 15 日

3. 《塑造我們時代的趨勢》，聯合國，2020 年 9 月

4. 《如何避免氣候災難》，比爾・蓋茲，2021 年 3 月 2 日

5. 〈2021：定義未來的 13 個趨勢〉，麥肯錫，2021 年 1 月 26 日

6. 〈馬駿參加「世界的復興」線上討論會〉，中國金融學會綠色金融專業委員會，2020 年 6 月 5 日

7. The fourth industrial revolution and the coronavirus: a new era catalyzed by a virus, R.C.S. Netoa, J.S. Maiaa, S.S. Neivaa, M.D. Scaliab, J.B.S.O.A. Guerraac, Research in Globalization, Volume 2, December 2020

8. 〈2021：定義未來的 13 個趨勢〉，麥肯錫，2021 年 1 月 26 日

9. 《香港氣候行動藍圖 2030+》，環境局，2017 年 1 月

10. 政府公布《香港氣候行動藍圖 2050》，政府新聞公報，2021 年 10 月 8 日

11, 14, 16, 17. 行政長官《2020 年施政報告》

12, 13, 15. 行政長官《2021 年施政報告》

特別鳴謝

香港品質保證局可持續發展及綠色金融推廣活動之贊助機構，

以及香港綠色和可持續金融大獎參與機構

對可持續發展研究及出版的支持。

相關機構名單可於香港品質保證局網站查閱：www.hkqaa.org

可持續發展在香港

Sustainable Development in Hong Kong

策劃：	香港品質保證局（HKQAA）
主編：	林寶興博士
編輯：	藍天圖書編輯組、HKQAA工作小組
設計：	藍天圖書編輯組、HKQAA工作小組
出版：	紅出版（藍天圖書）
	地址：香港灣仔道133號卓淩中心11樓
	出版計劃查詢電話：(852) 2540 7517
	電郵：editor@red-publish.com
	網址：http://www.red-publish.com
香港總經銷：	聯合新零售（香港）有限公司
出版日期：	2021年11月
圖書分類：	金融與商務
ISBN：	978-988-8743-63-6
定價：	港幣128元正